Isaac Bashevis Singer:

Ich bin ein Leser

Gespräche mit Richard Burgin

Deutsch von Harald Raykowski

Deutscher
Taschenbuch
Verlag

dtv

Von Isaac Bashevis Singer
sind im Deutschen Taschenbuch Verlag erschienen:
Feinde, die Geschichte einer Liebe (1216)
Der Kabbalist vom East Broadway (1393)
Leidenschaften (1492)
Das Landgut (1642)
Schoscha (1788)
Das Erbe (10132)
Eine Kindheit in Warschau (10187)
Verloren in Amerika (10395)
Die Familie Moschkat (10650)
Old Love (10851)

Deutsche Erstausgabe
April 1988
Deutscher Taschenbuch Verlag GmbH & Co. KG,
München

Titel der amerikanischen Originalausgabe:
›Conversations with Isaac Bashevis Singer‹
(Doubleday & Company, Inc., Garden City,
New York 1985)

Umschlaggestaltung: Celestino Piatti
Gesamtherstellung: C. H. Beck'sche Buchdruckerei,
Nördlingen
Printed in Germany · ISBN 3-423-10882-7

Das Buch

»In unserer Zeit, wo jedermann bettelt – und zwar nicht nur die Armen, sondern auch die Mächtigen: wählt mich, kauft meine Waren, verzeiht mir meine Verbrechen –, ist es ein hohes Ideal, sich von dieser Bettelei fernzuhalten.« Witz und Weisheit des Nobelpreisträgers Isaac B. Singer sind in diesen Interviews eingefangen, die zwischen 1976 und 1983 in Singers New Yorker Wohnung und seinem Ferienhaus in Florida geführt wurden. »Singer«, schreibt der Literaturwissenschaftler Richard Burgin, »ist ein bemerkenswert ehrlicher Mann.« Dementsprechend deutlich fallen manche seiner Antworten aus. Die Themen sind weitgespannt: von der Sexualmoral bis zur modernen Literatur, von den ersten Erlebnissen Singers als Einwanderer in den Vereinigten Staaten bis zu Fragen der Erkenntnistheorie und Philosophie. Es geht um Gott und die Welt, um die Rolle des Judentums – und um Barbra Streisand. Natürlich läßt sich Burgin keine Gelegenheit entgehen, Singer nach seiner Arbeitsweise und zum Verhältnis zu seinen eigenen Werken zu fragen. Schon deshalb sind diese Gespräche eine spannende Lektüre.

Die Autoren

Isaac Bashevis Singer wurde am 14. Juli 1904 in Radzymin in Polen geboren und wuchs in Warschau auf. Er erhielt die traditionelle jüdische Erziehung und besuchte das Rabbinerseminar. Mit 22 Jahren begann er für eine jiddische Zeitung in Warschau Geschichten zu schreiben, zuerst auf hebräisch, dann auf jiddisch. 1935 emigrierte er in die USA und gehörte dort bald zum Redaktionsstab des ›Jewish Daily Forward‹. Singer lebt heute in New York. 1978 erhielt er den Nobelpreis für Literatur. Sein Gesprächspartner Richard Burgin ist Ass. Professor für Anglistik an der Drexel University in Philadelphia.

Inhalt

Vorbemerkung

Ich lernte Isaac Bashevis Singer im September 1976 in New York kennen. Nach unserer ersten Begegnung beschloß ich, alles zu lesen, was von ihm in englischer Sprache erschienen war, und bald darauf gab er mir seine Zustimmung, ihn über sein Leben und seine Arbeit zu interviewen. Die meisten dieser Interviews fanden in Singers New Yorker Wohnung statt, die übrigen in seinem Ferienhaus in Surfside, Florida. Sämtliche Gespräche wurden auf Tonband aufgezeichnet und danach von Singer und mir redigiert.

Nachdem Singer 1978 den Nobelpreis für Literatur erhalten hatte, kam die Arbeit an diesem Buch eine Zeitlang ins Stocken. Er wurde mit einer Vielzahl von Buch-, Theater- und Filmprojekten überhäuft und von Journalisten aus aller Welt belagert. Heute glaube ich aber, daß diese Unterbrechung dem Buch gutgetan hat, denn in der Zwischenzeit war ich als Leser und als Person reifer geworden. Als ich ihn im März 1983 zum letztenmal interviewte, war mein Bild von Singer und seinem Werk viel klarer als 1976.

Die Persönlichkeit Isaac Bashevis Singers und die Art und Weise, wie er die Welt wahrnimmt und literarisch gestaltet, sind der Gegenstand dieses Buches. Ein Schriftsteller muß sich zwar, wie Singer betont, davor hüten, eine Person analysieren zu wollen, aber ich möchte doch eine seiner Eigenschaften hervorheben, die man bei der Lektüre dessen, was nun folgt, berücksichtigen sollte. Singer ist ein bemerkenswert ehrlicher Mann, aber da es sich bei der Welt, in der er denkt und lebt und die er nachgestaltet, um eine Welt tiefer und spürbarer Widersprüche handelt, ist seine Aufrichtigkeit durchaus nicht »einfach«. Ähnlich wie bei Robert Frost läuft man leicht Gefahr, nicht nur seine Bücher, sondern auch die Person

Singers mißzuverstehen. Wer mit ihm spricht, muß sich ebenso wie seine Leser darauf einstellen, daß er nicht nur ein eigenwilliger Kopf ist, sondern daß er – auch wenn das vielleicht unzeitgemäß ist – darauf besteht, genau das auszusprechen, was er denkt. Das aber ist eine jener Eigenschaften, die nicht nur seine Leser so sehr an ihm schätzen, sondern auch alle, die, wie ich, seine Bekanntschaft machen durften.

Richard Burgin

1

Blick auf den Ozean des Lebens – Verzerrung und Logik – Das Leben eines Rabbi – Ein unerschöpflicher Brunnen – Ein Kindheitstraum

SINGER: Jedes einzelne Leben ist sonderbar. Was mich betrifft, so wirke ich aus irgendeinem Grund anziehend auf sonderbare Menschen. Die Menschen, die mich besuchen kommen und sich für mich interessieren, sind oft sonderbar, und was sie mir erzählen, ist oft schrecklich verrückt und dabei doch wahr.

BURGIN: Woher nehmen diese Leute den Mut, Ihnen Geschichten aus ihrem Leben zu erzählen?

SINGER: Weil ich ihnen Fragen stelle – nicht als Schriftsteller, sondern als Mensch: »Wie leben Sie? Sind Sie verheiratet, und wenn nicht, haben Sie einen Freund oder eine Freundin?« So bringe ich sie dazu, Geschichten zu erzählen. Aber ich erzähle ihnen natürlich auch von mir, wenn sie mich danach fragen. Ich bin genauso begierig darauf, etwas zu erzählen. Angenommen, ich unterhalte mich mit einem halb-meschuggenen Menschen, der mir alles mögliche erzählt und dann fragt: »Und was ist mit Ihnen?« Dann sage ich nicht: »Das geht Sie nichts an.« Da ich etwas von ihm hören möchte, hat er meiner Meinung nach das Recht, auch etwas von mir zu erfahren, und deshalb erzähle ich ihm auch allerhand sonderbare Ereignisse aus meinem Leben. Schließlich ist dieser kleine Mann mit seinem Geheimnis ein Teil des großen Universums. Wenn er mir sagt, daß er fünfzehnmal verheiratet war, dann bin ich neugierig, was er mir alles mitzuteilen hat. Ich bin sicher, daß ich aus seiner Erzählung etwas über die Menschen erfahren werde, was mir völlig neu ist. Vielleicht kann ich später beim Schreiben davon Gebrauch machen.

Die Literatur wird ja nicht von Menschen bereichert,

die immer nur in sich selbst hineinschauen, sondern von Schriftstellern, die in andere Menschen schauen. Je mehr man beobachtet, was andere tun, um so mehr lernt man über sich selbst. Die Experimente der Modernisten haben alle mit der Form zu tun, mit dem, was sie Form nennen, mit Albernheiten – ob man in einem Gedicht Satzzeichen verwenden soll oder nicht, ob man seinen Namen mit großen oder kleinen Buchstaben druntersetzen soll. So etwas führt zu nichts. Warum, frage ich mich, sehen sie nicht auf den Ozean des Lebens um sie herum, in dem Millionen von Geschichten und Neuigkeiten herumschwimmen? Dort mache ich meine Experimente – im Laboratorium der Menschheit, nicht auf einem Blatt Papier.

BURGIN: Ich wüßte gern, ob Sie auch heute noch vom Fundus Ihrer Kindheitserinnerungen Gebrauch machen. Und wenn nicht, dann würde es mich jedenfalls interessieren, welches Ihre frühesten oder stärksten Erinnerungen aus der Kindheit sind.

SINGER: Jede Art von Kunst und ganz besonders die Literatur hat mit Erinnerungen zu tun. Alle wirklichen Schriftsteller haben ein gutes Gedächtnis, sie erinnern sich an ihre Kindheit, was bei vielen anderen Menschen nicht der Fall ist. Wenn man Tolstois ›Kindheit‹ liest, staunt man über sein Erinnerungsvermögen. Ich will mich nicht mit diesem großen Meister vergleichen, aber mein Gedächtnis ist sehr gut. Ich kann mich an Dinge erinnern, die sich zutrugen, als ich drei Jahre alt war, und ich weiß, daß ich mich sogar an Dinge erinnern kann, die sich zutrugen, als ich erst zweieinhalb war, denn damals lebten wir in einem Dorf namens Leonczyn, und wir zogen von dort weg, bevor ich drei war. Ich sprach einmal mit meiner Mutter darüber und beschrieb ihr den Ort und nannte Namen, und sie konnte es gar nicht fassen. Ich sehe das alles noch, als wäre es erst gestern gewesen. Als ich ›Mein Vater der Rabbi‹ schrieb, hätte ich natürlich nicht beschwören können, daß die Dialoge haargenau so stattgefunden hatten, wie ich sie aufschrieb, denn man kann sich ja nicht an jedes einzelne gesprochene Wort erinnern, auch wenn man ein noch so gutes Gedächtnis hat. Ich vergesse auch manches, sehr vieles sogar, aber während andere Menschen ihre Kindheit völlig vergessen, erinnere ich mich, glaube ich, an meine Kindheit besser als an vieles, was ich als Erwachsener erlebt habe. Und ich erinnere mich nicht nur an einzelne Fakten, sondern auch an Szenen, an Gesichter, an die Art, wie jemand sprach. Wenn ich Dialoge von damals aufschreibe, dann mögen manche Einzelheiten nicht stimmen, aber sie sind typisch für die Art, wie diese Menschen sprachen.

BURGIN: Wie erleben Sie diese Szenen von früher? Ist es zuerst ein visueller Eindruck?

SINGER: Ja, ein visueller Eindruck. Ich träume von meiner Kindheit, wobei Träumen allerdings auch eine bestimmte Art von Gedächtnisverlust mit sich bringt. Beim Aufwachen erinnere ich mich zwar an den Traum, aber die Bilder verblassen schnell. Wenn ich meine Träume gleich beim Aufwachen niederschreiben könnte, könnte ich wenigstens Teile davon bewahren. Ich träume von meiner Kindheit, und ich sehe dann Menschen, die schon Gott weiß wie lange tot sind. In meinen Träumen erlebe ich die verschiedensten Situationen, und oft sind sie ziemlich unangenehm. Manchmal wundere ich mich direkt, wie negativ meine Träume sind. Immer geht es mir dann schlecht. Ich habe jetzt mein Auskommen, aber im Traum bin ich immer arm. Und immer will ich etwas schreiben, aber es gelingt mir nicht. Ich schreibe an einem Roman und kann ihn nicht beenden, ich schreibe an einer Geschichte und verliere den Faden. Manchmal frage ich mich, wie es wohl kommt, daß die Fähigkeit zu träumen mich in solche Schwierigkeiten versetzt, und dann denke ich mir, daß der Herr der Träume mich vielleicht warnen will: »Erinnerst du dich an das, was du erlebt hast? Sieh dich vor, sonst geschieht es noch einmal.«

Burgin: Ich könnte mir vorstellen, daß Ihre Träume auch in den Tag hineinreichen.

Singer: Ja, ich bin ein Tagträumer. Schon als Kind war ich ein Tagträumer, und in dieser Beziehung habe ich mich überhaupt nicht geändert. Meine Tagträume sind heute noch genauso absurd wie damals, als ich sieben oder acht war. In gewisser Weise entstehen manche meiner Geschichten aus diesen Träumereien. Während ich meine Nachtträume vergesse, kann ich mich an meine Tagträume mehr oder weniger gut erinnern, denn sie wiederholen sich und haben so etwas wie ein System.

Literatur ist ja eine Art von Tagträumerei, die allerdings gelenkt ist oder ein Ziel im Auge hat – keine Botschaft, aber ein Ziel.

Burgin: Ihr Vater hat Ihnen einmal einen Rat gegeben. Es war, glaube ich, in ›Mein Vater der Rabbi‹, wo er sagte, Sie sollten klar und verständlich schreiben, Kasuistik vermeiden und den »Text nicht quälen«. Haben Sie diesen Ratschlag beherzigt?

Singer: Mein Vater bezog sich da zwar auf religiöse Schriften, aber seine Worte haben mein weltliches Schreiben doch stark beeinflußt, denn obwohl ich kein realistischer Autor bin, halte ich doch nichts davon, die Dinge zu verzerren. Es gibt ja heute einige Autoren, die glauben, daß ihr Talent besser zur Geltung kommt, wenn sie die Realität verzerrt darstellen. Verzerrung ist aber nicht das Ideal der Literatur, denn im Grunde seines Herzens will doch jeder Schriftsteller die Wahrheit sagen. Er ist in gewissem Sinne im Besitz der Wahrheit, aber er besitzt sie auf seine Weise, so wie er sie fühlt. Wenn sich ein Schriftsteller daranmacht, die Wirklichkeit willkürlich zu verzerren, wird er nie gute Literatur schreiben. Wenn man Tolstoi liest, dann merkt man, daß er zwar träumt, aber sich bemüht, seine Träume so überzeugend wie möglich darzustellen. Meiner Meinung nach neigt man heute in der Literatur dazu, die Ordnung der Dinge zu verzerren, nicht um große Kunst zu schaffen, sondern um mit Hilfe von Verzerrungen »originell« zu wirken. Verzerrung und Originalität sind Synonyme geworden, während sie ja eigentlich weit voneinander entfernt sind.

BURGIN: Ich hatte den Eindruck, daß der Rat Ihres Vaters Sie anfangs nicht sehr beeinflußt hat und daß Sie erst in späteren Jahren seinen tieferen Sinn erkannten.

SINGER: Nein, er hat mich von Anfang an beeindruckt. Ich merkte sofort, daß er ein Mann ohne Umschweife war. Natürlich war er ein gläubiger Mensch, während ich nicht daran glaubte, daß alles, was im Talmud steht, wörtlich vom Berg Sinai stammt. Aber was das Schreiben betrifft, hat er mir klargemacht, daß alles seine Logik hat. Der Mensch kann sich der Logik nicht entziehen. Alle großen Künstler waren zugleich große Logiker. Nehmen Sie die Erzählungen von Edgar Allan Poe. Sie werden jetzt vielleicht fragen: »Gibt es denn Logik bei Poe?« Und ob! Eine große Logik sogar! Gewiß, er glaubte an Geister und Wunder, aber nachdem diese Prämisse einmal gesetzt war, baute er seine Geschichte konsequent darauf auf. Die Autoren dagegen, die die Wirklichkeit verzerren, verzerren auch die Logik.

BURGIN: Können Sie ein Beispiel nennen?

SINGER: Ich denke, das gilt für alle, die Kafka nachzuahmen versuchen. Von Kafka selbst würde ich das allerdings nicht sagen. Auch Leute, die Joyce nachzuahmen versuchen, tun das. Ich würde sagen, daß Pinter das tut. Er verzerrt die Wirklichkeit, nicht um einer besseren Kunst willen, sondern um besonders originell zu erscheinen. Spinoza schreibt in seiner ›Ethik‹, daß die Ordnung der Ideen und die Ordnung der Dinge gleich sind. Es besteht ein Zusammenhang zwischen Literatur, Malerei und Philosophie und sogar den Naturwissenschaften, auch wenn dieser Zusammenhang nur lose zu sein scheint. In den Werken der alten Meister herrscht eine tiefe Logik. Im Jiddischen heißt es: »Wenn du Aleph gesagt hast, mußt du auch Beth sagen.« Sogar

Träume haben eine gewisse innere Stimmigkeit, obwohl ihre Logik recht sonderbar ist – eine verborgene Logik.

BURGIN: Um auf Ihre frühen Jahre zurückzukommen: Was vermissen Sie aus Ihrer Kindheit am meisten?

SINGER: Ich bin in einer Welt aufgewachsen, in der es eine bestimmte Hoffnung gab, einen Glauben, daß Gott die Welt erschaffen und uns die Thora gegeben hat und daß die Thora uns den Weg durchs Leben weist. Diese Prämissen mögen falsch gewesen sein, aber wer einmal daran glaubte, der wußte, wie er zu leben hatte. Ich bin dazu erzogen worden, alles in gut und böse einzuteilen. Fast nichts war neutral. Was man tat, war entweder *mizwa* oder *abera* (Sünde). Inzwischen gibt es diese Art zu denken fast nicht mehr. Dadurch ist es zu einer ernsten Krise gekommen, und zwar nicht nur im ethischen Denken, sondern auch in vielen anderen Bereichen. Die Kinder, die heute aufwachsen, glauben, daß es so etwas wie Gut und Böse gar nicht gibt und daß alles relativ ist. Aber mit einer ganz und gar neutralen Haltung kann der Mensch nicht leben und reifen. Ein moralisch neutraler Mensch ist ein Monstrum.

BURGIN: In ›Mein Vater der Rabbi‹ findet sich eine bekannte Anekdote, die auch eine Reihe von Kritikern zitiert, weil sie zumindest auf den ersten Blick Ihr Verhältnis zu Ihren Eltern zu beleuchten scheint. Sie handelt von Gänsen, die noch einmal aufkreischen, obwohl sie schon geschlachtet sind, und Ihr Vater betrachtet das als Wunder, während Ihre Mutter das Problem dadurch löst, daß sie die Luftröhren der Tiere herausnimmt. Wie haben Ihrer Meinung nach Ihre Eltern Ihre Sicht der Dinge beeinflußt?

SINGER: Um die Wahrheit zu sagen, mein Vater war autoritätsgläubig. Wenn ein Mann ein heiliger Mann war, dann hatte er nach seiner Meinung in allem, was er sagte, recht. Dagegen war meine Mutter der Ansicht: Wenn einer Unsinn redete, dann war es Unsinn, gleichgültig, wer der Mann war. In dieser Hinsicht bin ich wie meine

Mutter. Wenn Sie mir zum Beispiel erzählen würden, daß Shakespeare etwas über Kunst gesagt habe, das ich für falsch halte, dann würde ich sagen: Das ergibt für mich keinen Sinn. Ich bin zwar bereit zuzugeben, daß es dieses und jenes geben könnte – Geister, Erscheinungen, Phantome –, aber wenn ein Medium zu mir kommt und sagt, es brauche nur die Lichter zu löschen, um mit Spinoza in Verbindung zu treten, dann bin ich mehr als skeptisch.

BURGIN: Vielleicht haben Sie von Vater und Mutter jeweils die besten Eigenschaften geerbt.

SINGER: Ich will mich damit nicht brüsten, aber ich habe meine Eltern verehrt, ich habe sie geliebt – auch wenn es heute üblich ist zu sagen: »Ich hasse meinen Vater, ich hasse meine Mutter«, wie es oft diese Leute tun, die zum Psychoanalytiker gehen. Natürlich ist man nicht hundertprozentig objektiv, wenn man jemanden liebt. Trotzdem glaube ich, daß ich ihre Widersprüchlichkeiten und ihre Fehler sehe. Ja, ich sehe diese Fehler und ich verzeihe sie ihnen, weil schon Generationen vor ihnen diese Fehler besaßen. Als Junge hatte ich sogar viel an meinen Eltern auszusetzen, obwohl ich sie sehr gern hatte.

BURGIN: Haben sie je mit Ihnen über sexuelle Dinge gesprochen, oder war dieses Thema tabu?

SINGER: Meine Eltern glaubten wie alle Juden, daß man erst ein Mädchen heiraten muß, daß man erst zum Rabbi gehen und sich trauen lassen muß, bevor man miteinander schlafen und Kinder zeugen darf. Wer seinen Trieben nachgibt und das Gesetz bricht, geht ins Verderben.

BURGIN: Also kein vorehelicher Geschlechtsverkehr?

SINGER: Um Himmels willen! Das galt bei uns als Unkeuschheit, obwohl man nach dem jüdischen Gesetz eigentlich erst dann Ehebruch begangen hat, wenn man mit einer verheirateten Frau zusammenlebt. Wenn man mit einer Unverheirateten zusammenlebt, ist das streng genommen kein Ehebruch.

BURGIN: Ich würde gern etwas mehr über Ihre Familie

erfahren. Sie hingen, glaube ich, sehr an Ihrem älteren Bruder*.

Singer: Ja, ich bewunderte und liebte ihn sehr.

Burgin: Mehr als Ihren Vater?

Singer: Nein, das würde ich nicht sagen. Aber ich bewunderte ihn als Menschen, als einen hervorragenden Journalisten und als einen sehr guten Schriftsteller. Er hat mir den Weg gewiesen. Viele seiner Ratschläge befolge ich noch heute.

Burgin: Welche zum Beispiel?

Singer: Daß ein Schriftsteller kein Lehrmeister ist und nicht versuchen sollte, Erklärungen für die Dinge des Lebens zu geben. Er sollte sie nur schildern und möglichst lebendig werden lassen.

Burgin: Gab es auch Punkte, in denen Sie verschiedener Meinung waren?

Singer: Im Gegensatz zu mir glaubte er nicht so recht an das Übernatürliche. Eine Zeitlang war er ein ausgesprochener Rationalist. Ich habe oft zu ihm gesagt: »Wir wissen gar nichts über die Natur«, und für mich gehört alles zur Natur. Auch das Übernatürliche gehört zur Natur. Ich glaube auch heute noch, daß wir eine Seele haben und daß es möglicherweise Dämonen gibt. Vor dreihundert Jahren wußten die Menschen nichts von Mikroben, und heute wissen sie, daß es sie gibt. Mit reiner Logik kommt man den Tatsachen nicht bei, sondern nur mit Erfahrung. Man muß die Dinge erleben.

Burgin: Ich würde jetzt gerne noch erfahren, welche Erinnerungen oder Eindrücke aus Ihrer Kindheit Sie besonders nachhaltig geprägt haben.

Singer: Ich glaube, die Jahre in Warschau waren für mich die wichtigsten.

Burgin: Wann waren Sie dort?

Singer: Zwischen 1908 und 1917. In meinen Büchern kehre ich immer wieder in die Krochmalnastraße 10 zu-

* Israel Joshua Singer, der bekannte Romanschriftsteller.

rück. Ich kann mich noch genau an jeden Winkel und an jeden Bewohner erinnern. Andere graben nach Gold, das Gott vor Milliarden Jahren geschaffen hat, aber für mich ist diese Straße meine Goldader. Ich kehre immer wieder zu ihr zurück und habe dabei jedesmal das Gefühl, daß sie Schätze enthält, die ich noch nicht gehoben habe. So ähnlich ist es schon vielen Schriftstellern ergangen. Knut Hamsun zum Beispiel erzählt in fast allen seinen Werken von denselben Menschen. Gewiß, ich schreibe auch über das, was später kam, und sogar über Dinge, die sich in den Vereinigten Staaten zugetragen haben. Aber irgendwie fällt es mir leichter, mich in diese Warschauer Jahre zurückzuversetzen als in irgendeine andere Zeit. Sie sind für mich ein Reservoir der verschiedensten Menschen – ich habe sogar die dortige Unterwelt beschrieben. Im allgemeinen verabscheue ich Kriminelle, aber mit denen, die ich als junger Mensch kennenlernte, habe ich ein Nachsehen, vielleicht weil ich sah, in welcher Umgebung diese Geschöpfe groß wurden. Gegenüber diesen Gesetzesbrechern der Vergangenheit bringe ich mehr Toleranz auf als gegenüber den heutigen.

BURGIN: Sie haben einmal gesagt: »Für die Literatur ebenso wie für unsere Träume ist der Tod belanglos.«

SINGER: Daran gibt es keinen Zweifel. Nehmen wir zum Beispiel ›Anna Karenina‹. Dieses Buch entstand vor über hundert Jahren, und dennoch spricht niemand von der »verstorbenen Anna Karenina« oder der »verstorbenen Madame Bovary« oder dem »verstorbenen Flaubert«. Sie alle leben. Wenn es dem Autor gelingt, ihnen Leben einzuhauchen, dann leben sie ebenso wie ihre Schöpfer immer weiter. Wenn mich jemand fragt: »Warum schreiben Sie eigentlich über eine versunkene Welt?«, dann antworte ich: »Ganz gleich, ob ein Held heute noch lebt und erst in zwanzig Jahren stirbt oder ob er schon vor zwanzig oder zweitausend Jahren gestorben ist – wenn sein Autor ihm Leben verliehen hat, dann bleibt er im Bewußtsein der Menschen lebendig.«

BURGIN: Solange Sie sich erinnern können, war es stets Ihr Wunsch, Schriftsteller zu werden, nicht wahr?

SINGER: Ich würde sagen, seit ich sechzehn war.

BURGIN: Und davor?

SINGER: Es gab eine Zeit, da wollte ich ein Gelehrter werden ...

BURGIN: Ein rabbinischer Gelehrter?

SINGER: Nein. Ich wollte Mediziner werden, Naturwissenschaftler, vielleicht auch Philosoph.

BURGIN: Sie sind der Sohn und Enkel von Rabbinern. Wie kommt es da, daß Sie nie erwogen haben, diesen Weg einzuschlagen?

SINGER: Weil mir das Leben eines Rabbiners immer bedauernswert vorgekommen ist. Zunächst einmal predigt ein Rabbiner Dinge, an die er sein Leben lang glauben muß und von denen er andere zu überzeugen versucht. Da ich in religiösen Fragen ein Skeptiker bin, wäre es mir unmöglich gewesen, andern solche Dinge zu predigen. Außerdem ist ein Rabbi stets der Kritik seiner Gemeinde ausgesetzt. Was auch geschehen mag, er hat immer viele Gegner und wird unweigerlich getadelt. Ich habe mich mit vielen Rabbinern unterhalten, auch hier in diesem Land, wo die Ansprüche an einen Rabbi nicht so hoch sind. Sie sind nicht zu beneiden. Nie läßt man sie ganz in Ruhe. In Amerika werden nur wenige Söhne von Rabbinern wieder Rabbiner, obwohl es natürlich vorkommt ... Aber in der alten Heimat war das beinah die Regel, denn die Väter zwangen ihre Söhne, in ihre Fußtapfen zu treten. In Polen war jeder dritte Jude ein Rabbiner. Diesen Eindruck habe ich heute ...

BURGIN: Hat Ihr Vater gewünscht, daß Sie ihm nachfolgen?

SINGER: Ja, er hat sich das sehr gewünscht. Dafür ist ihm mein jüngerer Bruder gefolgt.

BURGIN: Hat Ihr Vater es als Verrat empfunden, daß Sie und Ihr älterer Bruder Schriftsteller geworden sind?

SINGER: Nicht nur, daß wir keine Rabbiner werden

wollten, sondern daß wir nach seiner Auffassung sogar unseren Glauben aufgegeben hatten. Aus der Sicht meines Vaters war ich ein Atheist, obwohl ich an Gott glaubte. Aber er erwartete mehr: Ich sollte an jeden einzelnen Glaubenssatz und an jede Vorschrift glauben, die sich über Generationen von Rabbinern angesammelt hatten. Ich sollte daran glauben, daß Moses sie alle auf dem Berg Sinai entgegengenommen habe. Dagegen war mir klar, daß diese Vorschriften sämtlich von Menschen erlassen worden waren. Aus einer einzigen Vorschrift in der Bibel sind zum Beispiel achtzehn Vorschriften in der Mischna und siebzig in der Gemara und im Buch des Maimonides geworden. Das war eben ihre Art, schöpferisch zu sein. So wie Kritiker heutzutage ganze Bücher über ein einziges Gedicht von Byron oder Shelley schreiben und in den Versen Dinge entdecken, die diese Dichter niemals beabsichtigt haben, so gingen unsere Rabbiner mit den Worten der Thora um. Sie wollten schöpferisch tätig sein und ihren Verstand zu etwas gebrauchen, und das führte im Laufe der Zeit dazu, daß die jüdischen Gläubigen ihr Leben ganz nach diesen Spitzfindigkeiten einrichten mußten. Dadurch wurde das Leben für einen gläubigen Juden so schwierig, daß er für nichts mehr Zeit hatte außer seiner Religion. Die Chassidim und viele andere Juden beschäftigten sich damit rund um die Uhr. Das war mir schon klar, als ich noch ganz klein war. Außerdem fing ich an, mir Fragen zu stellen: Wenn es einen Gott gibt, wie kommt es dann, daß diejenigen, die ihre Gebete sprechen und diese von Menschen geschaffene Bürde mit sich herumschleppen, oft arm und krank und elend sind, während es denjenigen, die sich nicht darum kümmern, oft gutgeht? Ich begriff schon sehr früh, daß diese Art von Religion nur eine Anhäufung von Kommentaren ist, pure Kasuistik.

BURGIN: Hat Ihr älterer Bruder Sie in dieser Hinsicht beeinflußt?

SINGER: Ja. Ich war dabei, wenn er mit meinen Eltern

über diese Dinge sprach. Ich hörte ihm zu und fand seine Argumente sehr überzeugend, während mir die Argumente meiner Eltern schwach vorkamen. Sie wurden immer nur wütend und beschimpften ihn. Aber wie Sie wissen, ist ja mein jüngerer Bruder Mojsche ein Rabbi und ein überaus frommer Mann geworden. Er ist ganz so, wie mein Vater ihn sich gewünscht hat.

BURGIN: Soviel ich weiß, war Ihre Schwester* ebenfalls Schriftstellerin.

SINGER: Meine Schwester hat auch jiddisch geschrieben, aber sie war nicht so erfolgreich wie ihre Brüder, obwohl sie keine schlechte Schriftstellerin war. Sie war jedenfalls besser als viele der sogenannten jiddischen Talente von heute.

BURGIN: In Ihrem Roman ›Schoscha‹ gehen Sie offenbar auch wieder Ihren Kindheitserinnerungen nach.

SINGER: ›Schoscha‹ spielt im Jahre 1911. Damals war ich zwar noch ein Kind, aber ich erinnere mich an tausend verschiedene Dinge: wie die Menschen lebten, wie sie aussahen und sprachen. Ihr Jiddisch war reich an Wörtern und Redewendungen, und auch daran erinnere ich mich gut. Das ist das Besondere an Schriftstellern – die ersten fünfzehn Jahre ihres Lebens gehen ihnen nie verloren. Sie sind so etwas wie ein unerschöpflicher Brunnen.

BURGIN: Da Sie sich noch so lebhaft an Ihre frühen Jahre erinnern – sind Ihnen auch irgendwelche Träume aus der Kinderzeit im Gedächtnis geblieben?

SINGER: Als junger Mann hatte ich einen Traum, der immer wiederkam. Ich ging irgendwohin, in eine Bücherei oder ein jüdisches Lehrhaus, und fand dort ein altes Buch, das zugleich mir und jemand anderem gehörte. Die Buchstaben waren winzig klein. Ich las darin, und es war voll wunderschöner Geschichten. Und während ich noch las, kam mir der Gedanke, es aus der Bücherei auszulei-

* Hinde Esther Singer.

hen und mit nach Hause zu nehmen. Manchmal tat ich es auch, aber immer hatte ich das Gefühl, dies sei das Buch, das ich schon seit langem schreiben wollte, aber noch nicht geschrieben hatte. Mitunter erscheint mir dieses Buch auch heute noch im Traum, und die Geschichten darin sind seltsam und wundervoll. Ich hoffe dieses Buch irgendwo einmal zu finden und es dann zu schreiben.

2

Erste Eindrücke von Amerika – Künstler muß man antreiben wie Gäule – Halb Jascha, halb Herman – Über Kafka und einen Freund Kafkas – Nur kleine Fische schwimmen alle in dieselbe Richtung

BURGIN: Welchen Eindruck hatten Sie eigentlich von Amerika, als Sie 1935 hier ankamen?

SINGER: Ich war bei meiner Ankunft in Amerika in Katastrophenstimmung. Ich war vor einer Katastrophe in Polen geflohen und stand vor einer zweiten, als ich hier eintraf. In Warschau hatte ich als jiddischer Journalist gearbeitet, aber die Lage der polnischen Juden verschlechterte sich von Tag zu Tag. Hitler war 1935 bereits an der Macht, und die Nazis kamen zu Besuch nach Polen, gingen dort auf die Jagd und sprachen mit einigen Mitgliedern der politischen Führung. Meine einzige Chance war, nach Amerika zu gehen. Ich sah voraus, daß es in Polen keine Ruhe geben würde. Viele Leute waren zu optimistisch oder blind, um die Gefahr zu erkennen, aber ich sah den Holocaust voraus. Einige andere sahen ihn auch kommen, aber sie brachten es nicht fertig, das Land zu verlassen. Wie dem auch sei, ich hoffte jedenfalls inständig, Amerika so vorzufinden, wie es die amerikanische Propaganda dargestellt hatte.

BURGIN: Sie müssen sich bei Ihrer Ankunft in Amerika ganz verloren vorgekommen sein, soweit es Ihre Arbeit betrifft.

SINGER: Ich kam mir in vieler Hinsicht verloren vor.

BURGIN: Lebten Ihre Eltern zu dieser Zeit noch?

SINGER: Nur meine Mutter lebte noch. Mein älterer Bruder war schon in New York. Ich hatte sehr bald den Eindruck, daß es mit dem Jiddischen sehr schlecht stand und daß es die nächsten zehn Jahre in Amerika nicht überleben werde. Dabei war es 1935 meine einzige Sprache, auch wenn ich Hebräisch beherrschte und etwas Polnisch und Deutsch sprach. Ich hatte das Gefühl, von meinen Wurzeln losgerissen zu sein und in diesem Land keine neuen Wurzeln schlagen zu können. Fast alle jungen Leute, die ich kennenlernte, waren Kommunisten. Sie sprachen vom Genossen Stalin, als ob er nicht nur der Messias, sondern der Allmächtige persönlich wäre, und ich wußte doch, daß das alles nicht stimmte. Der ›Jewish Daily Forward‹ veröffentlichte einige von den Geschichten, die ich mitgebracht hatte, aber mein Wunsch zu schreiben war verflogen. Es ging mir sehr schlecht. Hinzu kommt, daß ich in Warschau Frauen gehabt hatte. Hier dagegen fiel es mir schwer, Bekanntschaften zu schließen. Die jungen Frauen sprachen alle Englisch, und wenn eine mal Jiddisch sprach, war sie zu alt für mich und nicht gerade nach meinem Geschmack. Jiddisch und Sex, das verträgt sich nicht immer.

Mein Bruder bot mir zwar in jeder Beziehung seine Hilfe an, aber ich wollte nicht, daß er mir half. Ich war dreißig und fand, ich sei alt genug, um für mich selbst zu sorgen. Mein Leben lang ein Schnorrer sein – das wollte ich nicht.

BURGIN: Hatten Sie damals schon Bücher geschrieben?

SINGER: Das einzige, was ich in Polen veröffentlicht hatte, war ›Satan in Goraj‹ und außerdem ein paar Kurzgeschichten, die ich aber später nicht mehr drucken ließ, weil sie mir nicht mehr gefielen. Nur eine von den Geschichten, die in Polen entstanden waren, ließ ich ins Englische übersetzen. Sie heißt ›The Old Man‹.

In der ersten Zeit lebte ich hier in möblierten Zimmern und aß in Cafeterias. Nach einer Weile fand ich dann ein besseres Zimmer und lernte auch eine Frau kennen. Sie war zwar älter als ich, aber ganz bezaubernd – eine wunderbare Person.

BURGIN: Stimmt es, daß etwa fünf Jahre vergingen, bevor Sie wieder schriftstellerisch arbeiten konnten?

SINGER: Eher sieben oder acht Jahre. Ich kam 1935

herüber und fing ungefähr 1943 wieder an zu schreiben. Bis dahin hatte ich eine Reihe von Artikeln und Feuilletons im ›Forward‹ veröffentlicht. 1943 erschienen dann ›Satan in Goraj‹ und ein paar von den neuen Geschichten in New York. Das heißt, daß ich nach acht Jahren ein altes Buch, das schon einmal gedruckt worden war, noch einmal veröffentlichte und dazu drei oder vier neue Kurzgeschichten. Ich dachte schon, ich sei dazu verurteilt, einer von jenen Autoren zu werden, die ein einziges Buch schreiben und dann für immer verstummen. Solche Autoren gibt es ja. Aber ich tröstete mich damit, daß auch jemand, der nur ein Buch geschrieben hat, ein richtiger Schriftsteller ist – vorausgesetzt, daß das Buch etwas taugt. Ich stand nun vor der Frage, wovon ich leben sollte. Von diesem einen in Jiddisch geschriebenen Buch konnte ich jedenfalls nicht leben. Als sie ›Satan in Goraj‹ hier in Jiddisch neu herausbrachten und dazu noch ein paar von diesen Geschichten, da betrug mein Honorar ganze neunzig Dollar. So ging das, bis ich anfing, mehr für den ›Forward‹ zu schreiben – wobei ich immer noch nicht zur Redaktion gehörte. Sie hatten es nicht eilig, mich einzustellen, auch wenn sie mich für einen brauchbaren Mitarbeiter hielten und von mir mehr druckten als von jedem anderen Journalisten. Sie druckten eine Menge von mir, aber sie bezahlten mich als freien Mitarbeiter.

BURGIN: Wann haben Sie dann geheiratet?

SINGER: Ich lernte Alma 1937 kennen, und zwischen Kennenlernen und Heirat vergingen drei Jahre. Ich liebte sie, und sie liebte mich, aber es gab da allerhand Probleme. Ich konnte mich selbst kaum ernähren, wie sollte ich da auch noch für eine Frau sorgen? Außerdem stammte Alma aus Deutschland – aber sie war natürlich Jüdin – und sprach deshalb kein Jiddisch. Ich erzählte ihr, ich sei Schriftsteller, aber ich konnte es nicht beweisen, denn nichts von mir war bisher übersetzt worden. Sie mußte es mir einfach glauben. Dabei betrachtete ich mich in Wirklichkeit als gescheiterten Schriftsteller, als einen, der die Fähigkeit und die Lust zu schreiben verloren hat.

BURGIN: Das muß sehr schmerzlich für Sie gewesen sein.

SINGER: Ich bin ein Pessimist, und deshalb fällt es mir leicht, mich mit allem abzufinden. Ich sagte mir: »Warum sollte ich etwas Besseres verdient haben als die anderen polnischen Juden? Die sitzen in den Konzentrationslagern.« Ich kann mich leicht abfinden. Ich lebe nach dem Grundsatz: »Wenn's geht, dann geht es, und wenn nicht, dann eben nicht.« Ich weine mich bei niemandem aus, nicht einmal bei mir selbst. Aber dann, Mitte der vierziger Jahre, kehrte der Wunsch zu schreiben plötzlich zurück, und seither hat er mich nie mehr ganz verlassen.

BURGIN: Wie erklären Sie sich das? Hatte sich Ihre Lebenslage gebessert?

SINGER: Vor allem hatte ich mich mehr oder weniger an New York gewöhnt, und ich hatte etwas Englisch gelernt. Als ich hier ankam, konnte ich nur drei Worte sagen: »Take a chair« (Nehmen Sie Platz). Wenn ich in einen Bus stieg, konnte ich dem Schaffner nicht mal sagen, wohin ich wollte.

BURGIN: Wie sind Sie damals nur zurechtgekommen?

SINGER: Viele Menschen kamen hierher, ohne Englisch zu können. Glauben Sie etwa, daß die Millionen Einwanderer schon Englisch sprachen, als sie hier ankamen?

BURGIN: Inzwischen ist Ihr Englisch beeindruckend. War das Lernen sehr mühevoll?

SINGER: Ich fand hier eine Lehrerin, ein nettes Mädchen namens Mona Shub, die mir Englisch beibrachte, und ein bißchen habe ich auch aus eigener Kraft gelernt. Ich kaufte mir Karteikarten, und auf jede dieser Karten schrieb ich ein Wort, so als wollte ich ein Wörterbuch verfassen. Jeden Abend vor dem Schlafengehen wiederholte ich dann diese Wörter. Ich versuchte damals auch, die Bibel auf englisch zu lesen.

Nach einem Jahr war ich in der Lage, mich zu verständigen. Ich konnte sogar mit meiner Lehrerin flirten. Mein Wunsch, Englisch zu lernen, war sehr groß. Mir war klar, daß ich für immer verloren wäre, wenn ich diese Sprache nicht lernte. Die wenigsten Immigranten beherrschen wirklich das Englische, wenn man einmal von solchen Sprachgenies wie Nabokov absieht. Natürlich hatte ich nie vor, in Englisch zu schreiben. Ich wußte, daß ich immer nur jiddisch schreiben würde.

BURGIN: Ich erinnere mich, daß Sie das Jiddische einmal als eine sehr erdverbundene Sprache bezeichnet haben.

SINGER: »Erdverbunden« ist vielleicht zuviel gesagt, aber man kann damit den Charakter und die Persönlichkeit eines Menschen sehr genau beschreiben, während es an Worten für technische Dinge sehr arm ist.

BURGIN: Haben Sie je daran gedacht, polnisch zu schreiben?

SINGER: Nein.

BURGIN: Hätte Ihnen das bei Ihrer schriftstellerischen Arbeit nicht von Nutzen sein können?

SINGER: Na hören Sie, was gilt denn Polnisch in Amerika? Das ist doch auch nur eine von diesen unbedeutenden Sprachen.

BURGIN: Wenn Amerikaner von beruflicher Entwicklung sprechen, dann denken sie unweigerlich an den »großen Durchbruch«. Wahrscheinlich hängt das mit unserem Hollywood-Komplex zusammen. Ich kann also nicht umhin, Sie zu fragen, ob Ihnen als Schriftsteller zu irgendeinem Zeitpunkt der »große Durchbruch« gelungen ist.

SINGER: Um ehrlich zu sein, dieser große Durchbruch ist mir nie gelungen.

BURGIN: Aber Sie müssen doch irgendwann mit irgendwas einen großen Erfolg gehabt haben.

SINGER: Nein, und das habe ich auch nie erwartet. Zwischen 1935, als ich hier ankam, und 1945 habe ich nur sehr wenig zuwege gebracht. 1945 fing ich dann auf einmal an, ›Die Familie Moschkat‹ für den ›Forward‹ zu schreiben. Zu diesem Zeitpunkt war ich bereits ein alter, längst vergessener Autor, denn wenn man einundvierzig ist und erst ein Bändchen veröffentlicht hat, dann ist man draußen aus dem Geschäft. Ich betrachtete mich inzwischen als Journalisten und nicht mehr als Schriftsteller. Aber dann fing ich an, ›Die Familie Moschkat‹ zu schreiben, und der ›Forward‹ brachte den Roman in wöchentlichen Fortsetzungen.

Burgin: Wie hoch ist denn die Auflage dieses Blattes?

Singer: Sie beträgt heute dreißigtausend, vielleicht auch etwas weniger. Aber alle, die diese Zeitung lasen, lasen auch meinen Roman, denn sie ist klein und hat nur zehn oder zwölf Seiten. Wer dieses Blatt kauft, liest fast alles, was darinsteht. Dann ging der damalige Chefredakteur des ›Forward‹, Dan Feder, auf eigene Verantwortung zu dem Verleger Alfred Knopf und bot ihm ›Die Familie Moschkat‹ an. Knopf zeigte kein Interesse, denn das Buch war ja noch nicht ins Englische übersetzt. Trotzdem verschaffte mir dieser Chefredakteur einen Vertrag und einen Vorschuß von fünfhundert Dollar. Ich schrieb danach noch eine Menge Artikel, und 1947 hatte ich dann genug Geld für eine Europareise zusammengespart. Ich fuhr gemeinsam mit Alma. Wir besuchten England, Frankreich und die Schweiz. Das Ganze war ziemlich gewagt, denn ich hatte meine gesamten Ersparnisse mitgenommen und hier nur ungefähr zehn Dollar auf meinem Konto gelassen. In der ›Familie Moschkat‹ hatte ich etwas über die Schweiz geschrieben, und nun wollte ich gerne wissen, wie es dort aussieht. Knopf hatte einen Freund namens Maurice Samuel, und der wiederum war mit Abba Gross befreundet. Gross hatte schon einige Bücher übersetzt und war gerade ohne Arbeit. Irgendwie haben diese Leute Knopf gemeinsam überredet, mir einen Vertrag und einen Vorschuß zu geben. Außerdem hatte mein Bruder, I. J. Singer, alle seine Bücher bei Knopf veröffentlicht, so daß ich für ihn kein völlig Fremder war.

BURGIN: Kam damals irgendwann der Tag, an dem Sie sich plötzlich sagten: »Mein Gott, endlich schreibe ich wieder regelmäßig, Tag für Tag«?

SINGER: Wenn man im ›Forward‹ einen Roman beginnt, dann muß man ihn auch zu Ende schreiben. Die Leute warteten darauf, und so mußte ich jede Woche »Stoff« abliefern.

BURGIN: Bringen Sie Ihre Bücher noch immer als Fortsetzungsromane im ›Forward‹ heraus?

SINGER: Alles, was ich schreibe, erscheint in Fortsetzungen. Künstler muß man antreiben wie Gäule. Ich habe mich so daran gewöhnt, jede Woche etwas abliefern zu müssen, daß mir das in Fleisch und Blut übergegangen ist. Und wohlgemerkt, in all den Jahren habe ich keine einzige Woche ausgesetzt, von meinen vier Wochen Urlaub im Jahr einmal abgesehen. Aber davor arbeite ich noch härter als sonst, um Material für die Zeit nach dem Urlaub vorzubereiten. Um noch mal auf ›Die Familie Moschkat‹ zurückzukommen: Als das Buch schließlich übersetzt war, merkte ich, daß es zu lang und alles in allem nicht gut war. Es gab viele Wiederholungen und viele Auslassungen. Ich arbeitete also noch einmal zwei Jahre an dem Buch, nahm Veränderungen und Kürzungen vor und fügte ein paar neue Kapitel hinzu. Ich überarbeitete es so lange, bis es seine heutige Form hatte. Und dann, Anfang 1950, kam das Buch zugleich in Jiddisch und Englisch heraus, kurz darauf auch in Hebräisch. Vielleicht war das mein Durchbruch, wie Sie es nennen. Ja, ich denke, mit der ›Familie Moschkat‹ habe ich es geschafft. Zwei Jahre später hat dann Saul Bellow ›Gimpel der Narr‹ übersetzt.

BURGIN: Wo ist diese Geschichte ursprünglich erschienen?

SINGER: Sie erschien zunächst in Jiddisch, und mein Honorar betrug zwanzig Dollar. 1952 wurde es im ›Partisan Review‹ auf englisch veröffentlicht. Damals wurde der ›Partisan Review‹ von allen Intellektuellen und Schriftstellern gelesen, und irgendwie machte mich diese Kurzgeschichte noch bekannter als ›Die Familie Moschkat‹. Und dann widerfuhr mir noch etwas Gutes. 1953 oder 1954 lernte ich Cecil Hemley kennen. Er war ein kleiner Verleger, und zusammen mit Arthur Cohen, der inzwischen als Autor recht bekannt geworden ist, leitete er die Noonday Press. Sie brachten ›Satan in Goraj‹ auf englisch heraus und später ›Gimpel der Narr‹. Diese beiden Bücher erhielten auch wieder gute Kritiken. Irving Howe zum Beispiel schrieb eine sehr lobende Rezension zu ›Satan in Goraj‹.

Von da an schrieb ich immer weiter – bis heute.

BURGIN: Man hat mir erzählt, bei Ihrer Ankunft in diesem Land seien Ihnen die Amerikaner völlig rätselhaft erschienen.

SINGER: Ihre Art zu denken war für mich nur schwer verständlich.

BURGIN: Was störte Sie?

SINGER: Zunächst einmal waren das Menschen, die in einem freien Land geboren waren und die sagten, was sie dachten. So etwas kannten wir in Polen nicht. Dort waren wir daran gewöhnt, daß die Menschen genau aufpaßten, was sie sagten. Außerdem war mir vieles unbekannt. Ich wußte nicht, was Aktien oder Pfandbriefe waren. Oder um ein anderes Beispiel zu nehmen: Wenn ein Mann in Polen einen Laden eröffnete und die Geschäfte nicht gut gingen, dann betrieb er den Laden trotzdem jahrelang weiter, immer in der Hoffnung, es könnte noch werden. Hier dagegen eröffnet jemand einen Laden und macht ihn vielleicht schon vier Wochen später wieder zu. Ich sah zahllose Dinge, die mich verwirrten, einfach weil sie so anders waren.

BURGIN: Wie war es mit den amerikanischen Frauen?

SINGER: Die amerikanischen Frauen erschienen mir auch ganz anders. Die Art, wie sie sprachen, war in Polen völlig ungewohnt.

BURGIN: Waren sie vielleicht in mancher Beziehung aggressiver?

SINGER: Ja, in gewisser Weise aggressiv, aber auch freundlich und humorvoll und albern. Ich kann nur sagen, daß sie völlig anders waren, aber ich hatte damit gerechnet, denn ich wußte, daß die Menschen sehr verschieden sind. Wenn ich nach Mexiko ginge, dann wüßte ich genau, daß die Menschen dort wieder ganz anders wären als die, die ich bisher gekannt habe, und dem Himmel sei Dank, daß es so ist. Wenn alle Menschen gleich wären, dann gäbe es keinen Platz für die Literatur.

BURGIN: Von Ihren persönlichen Schwierigkeiten einmal abgesehen, welchen Eindruck hatten Sie von dem Land selbst?

SINGER: Das Land kannte ich ja noch gar nicht, aber von New York war ich sehr angetan. Ich war begeistert. Damals war es ja noch anders als heute. Es herrschte ein Gefühl von Freiheit, und es gab keine Angst. Die Straßen waren voller Leben, und ich lief viel herum. Ich fühlte mich frei. Es schmerzte mich zwar, daß das Jiddische so vernachlässigt wurde, und es gefiel mir nicht, daß die meisten Leute, die ich kennenlernte, Kommunisten waren, aber die Stadt selbst war faszinierend. Außerdem war ich jung, so daß ich meinen Kummer bald überwand. Meine Armut hat mir nie Sorgen bereitet. Ich konnte ja in die Bibliothek gehen und dort lesen. Und ich nahm gern den Bus, der durch die Fifth Avenue fuhr. Er hatte ein Oberdeck, und dort saß ich und sah mir die Stadt an; oder ich stieg in die Hochbahn, die die ganze Stadt durchquerte. Dazusitzen und hinauszuschauen und sich New York anzusehen, das war ein großartiges Erlebnis. Manchmal nahm ich auch die Fähre für fünf Cent und fuhr nach Staten Island. Wenn man arm ist, sind das alles große Ereignisse. Immerhin war ich für fünf Cent ein Stück auf dem Ozean gefahren.

BURGIN: Was ist Ihrer Meinung nach verlorengegangen? Was hat sich in New York seither verändert?

SINGER: Damals brauchte man in New York keine Angst zu haben, wenn man auf der Straße zu Fuß ging. Ich habe mir sagen lassen, daß man sogar eine ganze Nacht im Central Park schlafen konnte – vorausgesetzt, es war nicht zu kalt –, ohne daß einen jemand belästigte. Man las zwar manchmal in den Zeitungen von Verbrechen, aber so etwas kam nicht oft vor, und die Menschen waren vergnügt, wissen Sie. New York war eine lebenslustige Stadt, fast wie Paris. Aber dann wurde es immer schlechter, und heute verkriechen sich die Menschen in ihren Wohnungen wie Mäuse in ihrem Bau. Als ich hier ankam, gab es noch viele Cafeterias, aber die sind inzwischen auch verschwunden.

BURGIN: Was hat Ihnen an den Cafeterias so gefallen?

SINGER: Damals bekam man dort für dreißig Cent etwas zu essen und konnte den ganzen Tag dasitzen und die Zeitung oder ein Buch lesen oder sogar einen Artikel schreiben.

BURGIN: Hat man Sie nie gedrängt zu gehen, wenn Sie mit dem Essen fertig waren?

SINGER: Niemand wäre auf den Gedanken gekommen, einen Gast zum Gehen aufzufordern. Anfangs kam mir alles ziemlich teuer vor, weil ich die Preise in Zloty umrechnete, aber dann merkte ich, daß hier eigentlich alles billiger war. Ich zahlte vier Dollar Miete in der Woche, und ich hatte große Schwierigkeiten, wöchentlich vier Dollar aufzubringen, aber irgendwie ging es doch. Dann lernte ich einen Landsmann aus Bilgoraj kennen und zog in sein Haus. Und nach einiger Zeit – Sie werden's nicht für möglich halten – hatte ich drei möblierte Zimmer: eins im Hause meines Landsmannes in Brooklyn, für das ich nichts zu bezahlen brauchte; eins an der Siebzigsten Straße, das vier oder fünf Dollar in der Woche kostete; und eins in Seagate in Brooklyn. Ich hatte nämlich eine Freundin in Manhattan und eine zweite in Brooklyn.

BURGIN: Hat das vielleicht teilweise den Stoff für Ihren Roman ›Feinde, die Geschichte einer Liebe‹ geliefert?

SINGER: Das ist schon möglich ... Ich bewohnte also drei Zimmer und zahlte alles in allem ungefähr neun Dollar Miete in der Woche.

BURGIN: Ich finde das recht amüsant, denn Herman Broder in ›Feinde, die Geschichte einer Liebe‹ ist ja der bei weitem passivste Ihrer Romanhelden.

SINGER: Ja.

BURGIN: Er läßt die Dinge eigentlich immer nur auf sich zukommen.

SINGER: Ja, das stimmt.

BURGIN: Vielleicht ist es Ihnen damals genauso ergangen.

SINGER: So ist es mir mein Leben lang ergangen, auch heute noch.

BURGIN: Herman Broder unterhält zu mehreren Frauen gleichzeitig eine Beziehung, aber wenn man ihn mit Jascha in ›Der Zauberer von Lublin‹ vergleicht, der ja dasselbe tut, dann stellt man fest, daß Jascha der aktivere von beiden ist. Er möchte so etwas wie der liebe Gott sein und die Ereignisse so lenken wie ein Zauberer, der mit allen möglichen Gegenständen macht, was er will.

SINGER: Ich denke, ich bin halb Jascha, halb Herman. Wahrscheinlich bin ich ein passiver Mensch. Ich bin Frauen nie nachgelaufen. Sie mußten immer auf mich zukommen, denn ich war schüchtern. Ich würde sagen, daß Herman so ist, wie ich wirklich war, und Jascha ist vielleicht so, wie ich gern gewesen wäre. Ich habe meine Hand, glaube ich, nie nach etwas ausgestreckt. Ich habe nie einen Bittbrief geschrieben oder jemanden um einen Gefallen gebeten. Und wenn mir jemand so einen Brief schrieb, habe ich manchmal geantwortet und manchmal auch nicht, aber ich habe nie etwas unaufgefordert an einen Verlag oder eine Zeitschrift geschickt.

BURGIN: Aus welchem Grund nicht?

SINGER: Ich weiß es nicht. Ich bin von Natur aus stolz, und ich bin wohl auch ein Fatalist und glaube, daß das, was mir vom Schicksal vorherbestimmt ist, auch eintreffen wird. Vielleicht hätte ich viel mehr bekommen können, wenn ich mich um Liebe, Geld oder Anerkennung bemüht hätte, aber es liegt mir nicht, von mir aus tätig zu werden, außer in meiner Arbeit. Mein einziges Schlachtfeld ist der Schreibtisch oder der Notizblock. Dort trage ich Kämpfe mit Sätzen und mit Wörtern aus, aber Menschen gegenüber bin ich sehr, sehr passiv.

BURGIN: Aufgrund all der verständlichen Schwierigkeiten und Probleme, die Sie damals hatten, konnten Sie zu dieser Zeit nicht schreiben. Aber kam dann nicht irgendwann der Tag, an dem Sie die Gewißheit hatten: »Jetzt kann ich mich wieder hinsetzen, jetzt habe ich die nötige Ruhe, jetzt kann ich wieder schreiben«?

SINGER: Solche Tage kommen nur in Romanen vor. Im Leben gibt es keine gewissen Tage, nur ungewisse Tage und noch ungewissere Nächte.

BURGIN: Sie meinen, das war ein allmählicher Vorgang.

SINGER: Allmählich und mit Unterbrechungen. Hinzu kommt, daß ich 1940 Alma heiratete und auf einmal ein richtiges Zuhause hatte. Und ich hatte viel für den ›Forward‹ zu tun.

BURGIN: Sie schreiben ja auch heute noch für den ›Forward‹. Geschieht das vor allem aus Anhänglichkeit?

SINGER: Mir tut diese Disziplin gut. Ich weiß, daß ich ohne sie vieles aufschieben würde.

BURGIN: Haben Sie manchmal das Gefühl, zu schnell zu schreiben, weil Sie ständig unter dem Zwang stehen, Manuskriptseiten abliefern zu müssen?

SINGER: Es stimmt, daß ich schnell schreibe, aber ich überarbeite auch viel. Allerdings ist mir das eine oder andere auch mißlungen. Diese Sachen habe ich nicht zur Übersetzung freigegeben. Sie liegen nur in Jiddisch vor, und ich hoffe, daß man sie auch nach meinem Tod nicht übersetzen wird.

BURGIN: So ähnlich wie bei Kafka?

SINGER: In meinem Leben gibt es keinen Max Brod. Ich kann nur hoffen, daß meine Erben diesen Wunsch respektieren werden. Und da diese Sachen schon veröffentlicht sind, kann ich auch nicht die Manuskripte verbrennen.

BURGIN: Da wir gerade von Kafka sprachen – ein Band mit Kurzgeschichten von Ihnen heißt ›A Friend of Kafka‹, und die Titelgeschichte ist recht bekannt geworden. Interessieren Sie sich besonders für Kafka, oder war das nur eine künstlerische Laune?

SINGER: In Warschau gab es einen Mann namens Jacques Levy, den Kafka in seinem Tagebuch häufig erwähnt. Er war ein jiddischer Schauspieler. Wie Sie vielleicht wissen, kam das jiddische Theater 1911 nach Prag, und dieser Jacques Levy war dort einer der Hauptdarsteller. Zur selben Zeit kam eine jiddische Schauspielerin namens Madame Czyžyk nach Prag, in die sich Kafka verliebte. Jacques Levy, den ich in meiner Geschichte Jacques Cohen genannt habe, hat mir später viel von Kafka erzählt, vom großen Kafka, der ihm ständig Briefe schrieb, und irgendwann fragte ich ihn: »Wer ist überhaupt dieser Kafka?« Und da sagte er: »Das wirst du schon noch erfahren. Er wird einmal berühmt sein.« Damals glaubte ich, er hätte den Mann bloß erfunden.

BURGIN: Wann war das?

SINGER: Anfang der zwanziger Jahre. Für mich war diese »Madame«, in die sich Kafka angeblich so sehr verliebt hatte, nur eine unattraktive Frau in mittleren Jahren.

BURGIN: Kafka hat sich ja immer gern in Metaphern ausgedrückt.

SINGER: Vielleicht war sie ja zu ihrer Zeit eine hübsche Metapher. Jedenfalls dauerte es noch Jahre, bis ich mehr über Kafka erfuhr. Ich glaube, daß Kafka geniale Züge hatte, aber nicht alles ist ihm völlig gelungen. Manches von dem, was er geschrieben hat, ist hervorragend, und manches langweilt mich. In diesem Land ist es üblich, Kafka und Dostojewskij in einem Atemzug zu nennen, als ob sie siamesische Zwillinge wären.

BURGIN: Ich selbst würde das keineswegs tun.

Singer: Ich auch nicht. Es ist doch so, daß Dostojewskij ein überragendes Genie war, und seine Werke werden wahrscheinlich viel länger Bestand haben als die Kafkas. Kafka hat eine neue Richtung geschaffen, eine Mode, aber was das schriftstellerische Können betrifft, ist ihm Dostojewskij überlegen.

Burgin: Welche seiner Werke finden Sie am besten?

Singer: Nun, einige seiner Erzählungen wie ›Die Verwandlung‹ sind sehr gut. Auch andere Werke sind sehr gut. Alle lassen ein großes Talent erkennen, nur seinen Roman ›Amerika‹ mag ich überhaupt nicht. Die Stärke seiner Bücher liegt in ihrer Symbolik, und deshalb finde ich sie zu lang. Symbolisches muß kurz sein.

Burgin: Sie denken an den ›Prozeß‹ oder ›Das Schloß‹...

Singer: Das zieht sich endlos dahin. Ich spüre, wie gesagt, in Kafka eine große Begabung, aber um ehrlich zu sein, sind die literarischen Vorbilder dieser Generation nicht meine Vorbilder, weder Kafka noch Joyce. Ich muß mir Mühe geben, sie zu lesen, und ich finde Romane, die einem Mühe bereiten, nicht gut. Wenn man vom ›Prozeß‹ ungefähr fünfzig Seiten gelesen hat, weiß man, worauf das Ganze hinausläuft. Ich weiß dann schon, daß wir nie erfahren werden, worin das Verbrechen eigentlich besteht, und deshalb bin ich von Kafka und Joyce nicht so begeistert wie die meisten anderen Leute. Ich bin nicht einmal von Proust besonders begeistert. Er hat achtzehn Bände über seine Familie geschrieben, und das ist zuviel. Ich meine, es sollte ein Gesetz geben, daß Bücher nicht mehr als tausend Seiten haben dürfen. Ich halte nichts von erzwungener Lektüre, wenn Studenten von ihren Professoren zum Lesen gezwungen werden oder wenn sie sich selber dazu zwingen müssen. Meiner Meinung nach soll Literatur in erster Linie unterhalten, und deshalb ist die Quantität genauso wichtig wie die Qualität. Ein Schauspiel mit zehn Akten ist ermüdend, auch wenn es noch so gut ist. Kunst muß uns Vergnügen bereiten, und weder Kommentare noch Fußnoten sollten uns dieses Vergnügen erklären wollen. Sicherlich gibt es ungebildete Leser, die an Kitsch ihre Freude haben. Aber in meinen Augen ist die Freude am Kitsch immer noch besser als der Masochismus derjenigen Leser, die aus Pflichtbewußtsein lesen oder weil sie auf einer literarischen Modewelle mitschwimmen wollen. Gewiß, alle großen Autoren haben sich geplagt, aber keiner von ihnen wollte, daß sich auch seine Leser plagen müßten. Ganz im Gegenteil, sie wollten sie beim Lesen ihre Sorgen vergessen lassen. Aber heute gibt es eine ganze Menge Schriftsteller, denen es Spaß macht, ihre Leser zu quälen. Sie wollen die Leute verunsichern und langweilen. Sie weinen sich an der Brust des Lesers aus, und das wird dann auch noch als die Hauptaufgabe des sogenannten ernsthaften Schriftstellers ausgegeben. Die wirklich großen Künstler haben ihren Lesern aber nur Freude bereitet, sogar mit ihren Tragödien. Kafka, Joyce und Proust waren große Talente, aber Kafkaismus, Joyceismus oder Proustismus wirken sich negativ auf die jungen Studenten aus. Solche Ismen schaden der Literatur nur, denn sie sind per definitionem klischeehafte Vereinfachungen. Die Bildung von »Schulen« mit ihren Schülern tut der Literatur und der bildenden Kunst nie gut. Alle die verschiedenen Ismen und Richtungen innerhalb der Literatur sind doch nur die Erfindungen von Professoren. Tolstoi hat keiner »Richtung« angehört. Nur kleine Fische schwimmen alle in dieselbe Richtung.

3
Sex und Kontakt mit den Menschen – Der Persönlichkeitskult – Zwei Arten von Lesern – Geistige Tyrannei

BURGIN: Sie sagten einmal, Sie seien so etwas wie ein Einsiedler; dabei kommen Sie doch ständig mit Menschen zusammen und laden sie zu sich ein.

SINGER: Ich war aber ein Einsiedler.

BURGIN: Sie meinen, während der ersten Zeit in Amerika.

SINGER: Während der ersten Zeit in Amerika war ich so etwas wie ein Einsiedler. In mir wirken zwei Impulse. Der eine drängt mich, irgendwohin zu gehen, auf eine einsame Insel, und mich vor all dieser Gemeinheit und Grausamkeit zu verkriechen. »Zieh dich von den Menschen zurück, schließ dich ein und lebe wie ein Menschenfeind.« Der andere Impuls drängt mich, die Menschen zu akzeptieren und mit ihnen zu reden. Ich lebe in einem ständigen inneren Konflikt. Aber ich weiß auch: Wenn ich mich von den Menschen fernhalte, dann habe ich es nur noch mit einer Person zu tun, nämlich mit mir selbst; und da ist mir die Gesellschaft anderer Menschen doch lieber als immer nur meine eigene. Wenn man mit sich allein ist, wird man immer egoistischer, verbitterter und mißtrauischer, und am Ende ist man zweimal so me schugge wie vorher.

BURGIN: Wie bringen Sie diese beiden gegensätzlichen Bedürfnisse oder Antriebe in Einklang?

SINGER: Ob man will oder nicht, man muß eine gewisse Verbindung zu seinen Mitmenschen herstellen, und am besten geschieht das durch Liebe und Sex. Dabei lernt man sehr viel über das Leben, denn nirgendwo kommt soviel vom Wesen eines Menschen zum Vorschein wie beim Sex und in der Liebe. Nehmen wir zum Beispiel einen Mann, der sich in der Öffentlichkeit als sehr stark darstellt, als Diktator; aber beim Sex wird er vielleicht zum Kind oder zum Lausbuben. Die Geschlechtsteile reagieren am empfindlichsten von allen menschlichen Organen. Das Auge zum Beispiel oder das Ohr würden einem nie den Dienst verweigern. Das Auge hört ja nicht auf zu sehen, wenn ihm das, was es sieht, nicht gefällt; der Penis dagegen funktioniert nicht, wenn ihm das, was er »sieht«, nicht gefällt. Ich glaube, daß die Geschlechtsteile der Seele des Menschen mehr Ausdruck verleihen als alle anderen Körperteile. Sie sind nicht diplomatisch, sagen rücksichtslos die Wahrheit. Trotz ihrer gelegentlichen Launen machen sie einem viel Freude, aber sie sind noch meschuggener als der Kopf.

BURGIN: Als diese Phase der Isolation beendet war und Sie wieder anfingen zu schreiben, haben Sie doch sicher mit einer Reihe von Schriftstellern Kontakt gehabt?

SINGER: Nein. Als ich noch jung war, habe ich Bücher gelesen, ohne mich darum zu kümmern, von wem sie waren. Es hat mich nicht interessiert. Als ich zwölf war, habe ich Tolstoi gelesen, aber ich hatte keine Ahnung, daß es Tolstoi war. Ich wußte nicht einmal, daß es sich um eine Übersetzung handelte. Mir war das auch einerlei. Mich interessierte nur die Geschichte, nicht der Verfasser. Den Namen Dostojewskij konnte ich gar nicht aussprechen, aber das war mir egal, denn ein richtiger Leser, vor allem wenn er jung ist, kümmert sich wenig um den Autor. Der akademische Leser kümmert sich andererseits wenig um die Geschichte; ihn interessiert vor allem der Autor. Wir leben heute in einer Zeit, in der sich die Leute so sehr für den Autor interessieren, daß die Geschichte schon fast zweitrangig ist, und das ist schlimm. Viele der heutigen Leser wären gern selber Autoren. Deshalb interessiert es sie, wie ein Buch gemacht ist und wer es gemacht hat. Aber der gute Leser, der richtige Leser kümmert sich, wenn er jung ist, nicht weiter darum, wer Tolstoi war und was er war. Er will einfach das Buch lesen und seinen Spaß daran haben.

Burgin: Schreiben Sie deshalb so gern für Kinder?

Singer: Kinder sind wunderbar, weil sie sich als Leser nicht beeinflussen lassen. Ein Kind würde nie ein Buch lesen, nur weil es von einem »berühmten Autor«, also einem Mann mit großem Prestige stammt. Die Tatsache, daß etwas von Shakespeare geschrieben wurde, macht auf ein Kind keinen Eindruck. Es sieht sich die Geschichte an und beurteilt dann selbst, ob sie ihm gefällt oder nicht. Mit Kritiken kann man einem Kind nicht imponieren. Man kann nicht einfach sagen: »Das ist ein großartiges Buch, denn der Kritiker Soundso hat gesagt, daß es großartig ist.« Kinder kümmern sich nicht um Kritiker, denn sie sind selber Kritiker. Kein Kind liest ein Buch deshalb, weil viel Reklame dafür gemacht worden ist. Im Grunde sind Kinder viel kritischere Leser als die Erwachsenen, die sich von Experten, Kritikern und Reklame in der ›New York Times‹ oder im Fernsehen beeindrucken lassen. Kindern kann man in bezug auf Literatur nicht so leicht etwas vormachen wie Erwachsenen.

Ich wiederhole: Wenn das Interesse der Leute an der Kunst nachläßt, fangen sie an, sich mehr für den Künstler zu interessieren, und umgekehrt. Aber Sie werden mir da vielleicht widersprechen.

Burgin: Nein, ganz im Gegenteil.

Singer: Überlegen Sie mal, wie viele Bücher über Hemingway erschienen sind. Früher wären nie so viele Bücher über einen Autor geschrieben worden. Da hätte man seine Romane gelesen und sich überlegt, ob sie gut oder schlecht erzählt sind und ob sie einen interessieren oder nicht. Aber heute interessieren sich die Leute mehr für Hemingway selbst als für das, was er geschrieben hat. Viele haben Bücher über Hemingway gelesen, ohne ein einziges seiner Werke zu kennen, und mit anderen Schriftstellern und Künstlern ist es genauso. Nehmen Sie den berühmten Pariser Maler, den größten von allen, der vor kurzem gestorben ist – den Schöpfer der modernen

Malerei, Picasso. Wenn die Leute sich ein Bild kaufen, muß es unbedingt ein Picasso sein. Sie sind nur an dem Namen Picasso interessiert. Manchmal gefällt das Bild dem Käufer gar nicht, aber die Hauptsache ist ja, daß es von Picasso stammt. Dieser Fluch liegt auch auf der Literatur. Wenn Literatur und Kunst nur noch etwas für die ganz »Gebildeten« sind und ein Personenkult entsteht, dann ist das ein Zeichen dafür, daß die Kunst selbst kein Interesse mehr findet und der Künstler eine Art von Idol geworden ist.

BURGIN: Das leuchtet mir ein. Aber nehmen wir an, Sie hätten die Möglichkeit, Tolstoi persönlich kennenzulernen. Würde Sie das nicht reizen oder interessieren?

SINGER: Ich muß sagen, auch wenn Tolstoi im Haus gegenüber wohnte, würde ich mich nicht bemühen, seine Bekanntschaft zu machen. Ich würde lieber lesen, was er so schreibt.

BURGIN: Und es würde Sie nicht locken, ihm einmal persönlich gegenüberzustehen?

SINGER: Nicht besonders ... Man hat viel Aufhebens davon gemacht, daß Shakespeare möglicherweise seine Dramen gar nicht selbst geschrieben hat. Aber ist es denn so wichtig, wer sie geschrieben hat?

BURGIN: Und es würde Sie auch nicht locken, Shakespeare kennenzulernen, wenn das möglich wäre?

SINGER: Überhaupt nicht. Wissen Sie, mir ist das gleich, ob seine Werke von Bacon stammen oder von irgendeinem Ghostwriter. Darüber sollen sich die Professoren die Köpfe zerbrechen. Ich bin nach wie vor ein Leser. Wenn man richtigen Hunger hat, interessiert man sich ja auch nicht für die Biographie des Bäckers.

BURGIN: Es scheint so, als hätte die »Persönlichkeit«, mit der gegenwärtig in unserer Gesellschaft solch ein Kult getrieben wird, eine Art Fetischcharakter.

SINGER: Die Leute lesen zum Beispiel Dutzende von Büchern über Jesus Christus und diskutieren darüber, ob er wirklich gelebt hat. Das Interesse an der Lehre Christi nimmt ständig ab, aber was seine Person betrifft, nimmt die Wißbegier zu. Beides steht zueinander in einem umgekehrten Verhältnis. Je weniger man sich für eine Wissenschaft oder eine Lehre interessiert, um so mehr interessiert man sich für den Gründer dieser Lehre und für ihre Geschichte.

BURGIN: Ich finde das alles sehr einleuchtend. Ein richtiger Schriftsteller würde zweifellos aufhören zu schreiben, wenn er annehmen müßte, daß man ihn für wichtiger hält als seine Werke. Er möchte eigentlich hinter seinen Werken verschwinden. Sie sollen wichtiger sein als er selbst.

SINGER: Wissen Sie, ich bin überzeugt davon, daß Dickens auch heute noch viel gelesen wird, aber zu seinen Lebzeiten sind bestimmt nicht mehr als zwei Bücher über ihn geschrieben worden. Wenn die Leute ins Theater gehen, um sich ein Stück von Pinter anzusehen, dann sind sie oft an Pinter mehr interessiert als an seinem Stück. Und manchmal ist ja auch die Tatsache, daß es von Pinter stammt, das Beste an so einem Stück. Wenn man den Leuten sagen würde, es sei gar nicht von Pinter, sondern von Sminter, dann würden sie auf der Stelle das Theater verlassen. Das Markenzeichen spielt inzwischen eine so große Rolle, daß die Ware selbst schon fast wertlos ist. Man muß das, glaube ich, ganz deutlich sagen, weil hier die Ursachen für den heutigen Wertverfall liegen. Das gilt für die Religion, das gilt für die Kunst, das gilt für die Politik und das gilt in zunehmendem Maße auch für alles andere. Es handelt sich da um eine Form der geistigen Tyrannei, in der nur die großen Namen etwas zählen und die Inhalte nichts. Es ist ja kein Zufall, daß die frommen Juden so gut wie nichts über das Leben ihrer Propheten, über die Schöpfer des Talmud oder über ihre vielen Heiligen und führenden Köpfe wußten. Für sie war nur die Lehre dieser großen Männer wichtig, aber nicht, mit wem sie verheiratet waren und wo sie wohnten. Es gibt zwar Tausende und aber Tausende von Büchern über Jesus, aber ich habe noch nie ein Buch über das Leben des Moses gelesen, und mein Vater auch nicht. Man könnte sagen, es ging ihnen um die Medizin und nicht um die Person, die sie ihnen verschrieb.

4
Das Problem des Komischen – Amerika braucht einen Gogol – Eine Propagandaflut – Die Juden von Wilna

BURGIN: Wir haben jetzt über allerhand ernste Themen gesprochen. Wie wäre es, wenn wir uns einmal ein wenig über das Komische unterhielten? Zunächst einmal: Worin besteht für Sie Komik? Welches sind ihre Merkmale, und welche Arten von Komik würden Sie unterscheiden?

SINGER: Bergson hat ein Buch über das Lachen geschrieben, in dem er sagt: Wenn jemand sich immer wieder nach demselben Muster verhält, ohne davon abweichen zu können, dann ist das komisch. Stellen wir uns einen Mann vor, der immer höflich ist und der immer sagt: »Freut mich, Sie kennenzulernen« oder »Wir müssen uns bald mal wiedersehen«. Eines Tages wird er verhaftet, oder er soll hingerichtet werden. Wenn er dann zum Henker auch wieder sagt: »Freut mich, Sie kennenzulernen. Wir müssen uns bald wiedersehen. Besuchen Sie mich doch gelegentlich«, dann ist das komisch, denn er wiederholt sich wie ein Papagei. Das ist Bergsons Theorie, aber wie alle Definitionen ist sie unzulänglich. Es gibt ja so viele Formen des Komischen! Jede Dummheit reizt uns zum Lachen. Alle Mütter sagen zu ihren Kindern: »Tu das nicht, sonst lachen dich die Leute aus«, denn die Leute lachen eben über Dummheiten. Die Frage ist also eigentlich nicht, was Komik ist, sondern was Dummheit ist. Die Psychologen haben sich damit aus irgendeinem Grund nie beschäftigt. Ich kenne keine psychologische Definition eines Dummkopfs, denn um zu wissen, was ein Dummkopf ist, müßten wir auch »Weisheit« definieren, aber obwohl wir diese Wörter andauernd gebrauchen, sind das doch Dinge, die sich nicht eindeutig definieren lassen. Dem Alten Testament zufolge ist derjenige ein Weiser, der auf den Wegen des Herrn wandelt, und ein Dummkopf ist ein Sünder. So sieht die biblische Definition aus, aber die Sache ist doch komplizierter. Ich meine, ein Dummkopf ist einer, der nicht nur in Floskeln redet, sondern auch in Floskeln handelt. Er ist eine einzige lebende Floskel. Komik entsteht, wenn man eine Figur extrem banale Dinge tun läßt. Aber auch das deckt wahrscheinlich nicht alles ab.

BURGIN: Wie steht es mit einem weisen Mann, der außerdem auch noch witzig ist? Haben Sie bei Ihrer Definition von Komik nicht die Frage des Witzes außer acht gelassen?

SINGER: Wenn jemand witzig ist, gibt es auch immer ein Opfer dieses Witzes. Er macht sich immer über jemanden lustig, und zwar immer über einen Menschen. Niemand würde sagen, ein Hund oder ein Pferd sei komisch, und niemand wird einen Stein oder einen Fluß komisch finden. Und wenn jemand sagt, ein Tisch sei komisch, dann macht er sich über den Schreiner lustig, der den Tisch angefertigt hat. Lachen ist eigentlich eine Form der Kritik menschlichen Verhaltens. Wenn wir von jemandem sagen, er sei ein Dummkopf, dann heißt das indirekt, daß er einen freien Willen hat und sich auch klug hätte verhalten können, wenn er es nur gewollt hätte. Hier treffen Lachen und Ethik aufeinander. Wenn wir annehmen würden, daß der Mensch völlig determiniert ist und gar nicht anders handeln kann, als er es tut, dann könnten wir niemanden dumm oder unmoralisch nennen, sowenig wie wir Tiere oder Steine mit diesen Begriffen kritisieren können. Lachen und Witz sind Mittel, mit denen wir auf Menschen reagieren, die sich weigern dazuzulernen, den Dingen auf den Grund zu gehen oder mit eigenen Augen zu sehen anstatt mit denen anderer, oder die gar nichts sehen wollen.

BURGIN: Können Sie mir ein Beispiel für einen Narren aus Ihrem eigenen Werk nennen?

SINGER: Gimpel der Narr ist so ein Beispiel.

BURGIN: Halten Sie ihn für eine komische Figur?

SINGER: Wir lachen über ihn, auch wenn man Mitleid mit ihm haben muß. Seine Frau Elka schläft mit allen Männern, aber er weigert sich beharrlich, das zu sehen, und als er eines Abends nach Hause kommt und seine Frau mit dem Lehrling im Bett findet und sie ihm sagt, er solle »hinausgehen und nach der Ziege sehen«, da »vergißt« er, was er gerade gesehen hat, und geht wirklich hinaus, und als er zurückkommt, ist der Lehrling weg. Er glaubt anderen Menschen so bedingungslos, daß er aufhört, er selbst zu sein.

BURGIN: Welche Figuren würden Sie zu den komischsten in Ihrem Werk zählen?

SINGER: Soweit ich mich erinnere, gibt es in ›Satan in Goraj‹ niemanden, über den man lachen könnte. Aber in der ›Familie Moschkat‹ kommen ein paar komische Figuren vor, altmodische Leute, die sich komisch verhalten.

BURGIN: Und wie ist es mit Ihrem anderen großen Epos, ›Das Landgut‹ und ›Das Erbe‹? Mirkin zum Beispiel ist so etwas wie ein Narr. Finden Sie ihn zum Lachen?

SINGER: Ein bißchen.

BURGIN: Vielleicht ist er zu grotesk oder verschlagen, um komisch zu wirken.

SINGER: Die Art und Weise, wie er Klara nachstellt, ist schon zum Lachen. Im Grunde ist es ganz zutreffend, wenn es in der Bibel heißt, ein Mann erscheine uns dann als Narr, wenn er sich nicht richtig verhält. – Trotzdem würden wir über Hitler nicht lachen, denn er hat so viel Böses getan, daß wir es nicht fertigbringen zu lachen. Über einen Menschen zu lachen bedeutet ja auch, daß wir ihm eine gewisse Unschuld oder Hilflosigkeit zubilligen.

BURGIN: Sie haben die eine Hälfte Ihres Lebens in einer Kultur und die andere Hälfte in einer anderen Kultur verbracht. Gibt es Ihrer Meinung nach etwas im amerikanischen Nationalcharakter, so wie Sie ihn sehen, das unseren Sinn für Humor anders sein läßt als etwa den europäischen oder polnischen oder jiddischen Sinn für Humor?

SINGER: Ich finde, daß Amerika dringend einen Gogol oder Scholem Alejchem braucht, denn das Verhalten in diesem Land ist schon so automatisiert und vorhersagbar, daß wir allmählich unser Gefühl für menschliche Werte verlieren. Das ist das Ergebnis der Allgegenwart der Medien in diesem Land. Wir werden von unzähligen Vereinfachungen und einer wahren Propagandaflut verdummt.

BURGIN: Was finden Sie an diesem automatisierten Verhalten der Amerikaner besonders komisch?

SINGER: Ich finde es beispielsweise komisch, wie die Amerikaner sich Freundschaft erkaufen und alle Probleme mit Geld lösen wollen: Gebt den Italienern soundso viel, und sie werden uns lieben. Oder man stellt fest, daß die Promiskuität in diesem Land groß ist, und hat auch gleich ein Patentrezept bei der Hand: Wir sollten ein paar Milliarden Dollar ausgeben und damit der Promiskuität ein Ende machen. Wenn wir einen amerikanischen Humoristen hätten, würde er andauernd mißverstanden, denn die meisten Kritiker sind ja Liberale, und sie würden es niemals zulassen, daß man sich über einen Liberalen lustig macht. Dabei liefern gerade die amerikanischen Liberalen großartigen Stoff für einen Humoristen, weil sie an so vielen Klischeevorstellungen festhalten. Aber extremer Konservatismus kann natürlich genauso lächerlich sein. In der Fernsehdiskussion zwischen Carter und Ford behauptete Ford plötzlich, in Polen gebe es eine echte Demokratie. Da haben Sie etwas wirklich Lächerliches: Ohne jegliche Grundlage erklärt Ford, Polen und die Tschechoslowakei seien völlig freie Länder …

BURGIN: Ja, da hat er einen Fehler gemacht.

SINGER: Aber das war doch ein ganz absurder Fehler! Er mußte eben genau das Gegenteil von dem sagen, was sein Gegner gesagt hatte, und da es momentan so aussah, als sei Carter gegen die Russen, mußte Ford für die Russen sein. Die Leute fanden es sehr komisch, wie dieser Konservative, der sonst immer die konservativen Werte verteidigt, plötzlich als Fürsprecher der kommunistischen »Demokratie« auftrat.

BURGIN: Welche komischen Eigenschaften sehen Sie bei den Menschen, die Sie am besten kennen: den Juden?

SINGER: Die gesellschaftlich aktiven Juden glauben, daß man dem Antisemitismus durch Unterschriftenaktionen und Kundgebungen beikommen kann. Sie stellen sich auf die Fifth Avenue und veranstalten eine Demonstration gegen den Antisemitismus. Dahinter steckt dieser törichte Glaube, man könne die Menschen zwingen oder dafür bezahlen, daß sie einen lieben. Insofern sind die Juden in aller Welt den Amerikanern in ihrem Tun und Denken ganz ähnlich.

BURGIN: Gibt es außer dem Humor noch etwas anderes, worin sich die Amerikaner von anderen Völkern unterscheiden?

SINGER: Die Amerikaner lassen sich wahrscheinlich leichter als andere Menschen hypnotisieren – aber nicht in dem Sinne, daß einem jemand einredet, man werde jetzt schläfrig. Ich meine, sie lassen sich von Moden hypnotisieren, von Parolen, von Klischeevorstellungen, von Reklame. Werbung und Fernsehen sind ja hier nicht nur deshalb so mächtig, weil die Wirtschaft so groß ist, sondern weil die Amerikaner wirklich leichtgläubig sind. Ich habe mich mal mit einem Mann unterhalten, der Parfüm herstellte, und er sagte mir, man brauche nur eine ganzseitige Anzeige in eine große Zeitung zu setzen und darin Urin als Parfüm anzupreisen, und schon würden einige Leser laufen, um es zu kaufen – und wären überzeugt, daß es Parfüm ist.

BURGIN: Ich will mein Land nicht unbedingt in Schutz nehmen, aber glauben Sie nicht, daß das eine weitverbreitete Eigenschaft ist? War nicht auch Deutschland in den dreißiger Jahren auf schreckliche Weise hypnotisiert?

SINGER: Viele Deutsche glaubten an das, was Hitler verkündete, schon lange bevor Hitler auftauchte.

Deutschland stand für sie über allem, es war das beste und stärkste Land und die Deutschen ein auserwähltes Volk von Herrenmenschen. Aber um auf Amerika zurückzukommen: In keinem anderen Land der Welt würde jemand sagen: »Mein Anzug hat dreihundert Dollar gekostet.« Man würde sich vielleicht mit der guten Qualität brüsten oder mit dem berühmten Namen des Schneiders, aber man würde niemals den Preis erwähnen.

BURGIN: Stimmt, das ist typisch amerikanisch.

SINGER: Die Europäer fangen damit aber auch schon an. Geld wird in den kapitalistischen Ländern mehr und mehr zum Maßstab für menschliche Werte – und in den kommunistischen Ländern ist es die Macht. Von diesen beiden Übeln ist mir das erstere aber lieber. Es ist weniger gefährlich.

BURGIN: Sie sprachen vorhin kurz von den komischen Eigenschaften des jüdischen Volkes. In der ›Familie Moschkat‹ heißt es dazu: »Die Juden sind ein Volk, das selbst nicht schlafen kann und andere nicht zum Schlafen kommen läßt.« Könnten Sie das näher erläutern?

SINGER: Ich meine damit, daß Juden rastlose Menschen sind, die immerzu etwas tun, etwas planen müssen ... Sie sind Menschen, die trotz aller Enttäuschungen sich und anderen immer wieder neue Illusionen machen.

BURGIN: Glauben Sie wirklich, daß nur Juden diese Eigenschaft haben?

SINGER: Es ist die besondere Eigenschaft von Intellektuellen, aber fast alle Juden sind – zumindest potentielle – Intellektuelle, und deshalb sind die Rastlosigkeit und das Bedürfnis, immerzu etwas zu tun, so etwas wie nationale Eigenschaften geworden. Es gibt da diese Geschichte von dem Juden, der nach Wilna fuhr, und als er zurückkam, sagte er: »Dieses Wilna ist die außergewöhnlichste Stadt. Ich habe noch nie einen Ort wie diesen gesehen. Die Juden von Wilna sind ganz besonders bemerkenswerte Leute.« – »Wieso?« hat ihn ein anderer gefragt. »Was ist denn so bemerkenswert an ihnen?« Da sagte er: »Ich habe dort einen Juden gesehen, der den ganzen Tag nur ans Geschäftemachen und Reichwerden dachte. Und dann sah ich einen Juden, der immerzu die rote Fahne schwenkte und die Revolution ausrief. Und dann sah ich einen Juden, der jeder Frau nachlief, und einen Juden, der ein Asket war und die Religion verkündete.« Darauf sagte der andere: »Was ist denn daran so erstaunlich? Wilna ist schließlich eine große Stadt, und da gibt es eben ganz verschiedene Juden.« – »Nein«, sagte der erste, »es war jedesmal derselbe Jude.« In einem gewissen Sinn steckt in dieser Geschichte eine ganz zutreffende Beschreibung des sogenannten weltlichen Juden. Er ist so ruhelos, daß er fast alles auf einmal ist. Wenn er sich etwas in den Kopf gesetzt hat, wird dieser Gedanke in ihm so stark, daß er alles andere vergißt. Nehmen wir mal den Juden, der gegen den Antisemitismus kämpft. Er wird überall Anzeichen für Antisemitismus entdecken, sogar auf einer einsamen Insel oder in der Sahara. Wer von einer Idee besessen ist, wirkt komisch, weil er die Ausnahme von der Regel nicht mehr wahrnimmt oder weil er Regeln erfindet, die es gar nicht gibt. Meiner Meinung nach gibt es in der Literatur und im Leben nichts Schlimmeres als Klischees und einseitige Verallgemeinerungen, denn das Leben besteht aus mehr Ausnahmen als Regeln.

BURGIN: Vielleicht besteht die Regel gerade darin, daß es voller Ausnahmen ist.

SINGER: Es ist das Axiom aller Kunst, daß jeder Augenblick unseres Daseins einzigartig ist. Die Juden brauchen einen zweiten Scholem Alejchem, und Amerika braucht einen neuen Mark Twain oder einen amerikanischen Gogol. Aber ich glaube nicht, daß den Amerikanern ein wirklich witziges Buch über sie selbst gefallen würde. Sie würden sagen, das sei alles erlogen oder voller Fehler oder an den Haaren herbeigezogen. Und das gilt auch für die modernen Juden. Wenn es heute wieder einen Scholem Alejchem gäbe, würden sie ihn als jüdischen Antisemiten bezeichnen. Sie würden ihm vorwerfen, er mache uns lächerlich und helfe damit unseren Gegnern. Wohlgemerkt, ich spreche von den modernen Juden. Die religiösen Juden halten sich ja an die Bibel, und die kritisiert die Juden in einem fort und beschimpft sie heftig und droht ihnen mit unzähligen Strafen. Da zeigt sich die Größe der Juden in der Vergangenheit.

5

Das größte Vergnügen der Menschen – Moderne Einstellung zur Sexualität – Othello ist kein Mann unserer Zeit – Der Bewußtseinsstrom und der Irrglaube der Psychologie – Gewollte Originalität

BURGIN: In einem unserer früheren Gespräche sagten Sie, Literatur sollte Ihrer Meinung nach in erster Linie unterhaltsam sein. Aber was ist es denn, was den Lesern eines Buches besonderen Spaß macht?

SINGER: Überall, wo Menschen zusammenkommen – sagen wir auf einer Party oder in einer geselligen Runde –, da reden sie über andere Leute und deren Eigenschaften. »Das ist ein Trottel«, heißt es dann, oder »Das ist ein Geizkragen«. Klatschgeschichten sind der schönste Gesprächsstoff, und es scheint so, daß es den Menschen das größte Vergnügen bereitet, über die Charaktereigenschaften anderer zu reden. Auch die Literatur tut das, nur nennt sie im Gegensatz zum Gesellschaftsklatsch keine Namen und ist insofern harmloser.

BURGIN: Wenn man daran denkt, wie verbreitet Klatschspalten in Zeitungen und Zeitschriften sind und wie gern viele Menschen so was lesen, dann hat es den Anschein, als könnte es für den Gedanken, Literatur sei eine erweiterte Form von Klatsch, zahlreiche Anhänger geben.

SINGER: Mit dem einen Unterschied, daß der Literatur-Klatsch niemandem weh tut, was ja beim richtigen Klatsch der Fall ist. Solange Klatsch die Anonymität wahrt, ist er harmlos. Trotzdem kann man auf diese Weise über die Eigenschaften von Personen reden. Ein Romanautor, der nur gesellschaftliche Probleme, aber nicht die Eigenschaften einzelner Personen erörtert, läßt genau das aus, was an der Literatur am wichtigsten ist. Er ist nicht unterhaltend. Daß wir so gern darüber nachdenken und schreiben, was für ein Mensch jemand ist, liegt ja daran, daß der Mensch für uns ein ewiges Rätsel ist. Auch wenn man jemanden noch so lange kennt, man kennt ihn nie genau. Nichts ist so unterhaltsam, als über andere Menschen zu reden.

BURGIN: Wenn ich mir Ihr Werk ansehe, fällt mir auf, wie gut Sie sich in Frauen hineinversetzen können. Ist das nicht etwas, was amerikanischen Autoren häufig schwerfällt?

SINGER: Wenn ein Mann andere Männer verstehen kann, dann kann er auch Frauen verstehen, und umgekehrt. Ich glaube nicht, daß es Männer gibt, die sich zwar sehr gut in andere Männer hineinversetzen können, aber nicht in Frauen. Die meisten Menschen verstehen allerdings nur sich selbst und ihre eigenen Angelegenheiten – und manchmal nicht einmal das.

BURGIN: Aber nehmen wir mal einen Autor, über den wir erst gestern sprachen, nämlich Dostojewskij. Bei ihm gibt es eigentlich keine Frauengestalten, die einem besonders im Gedächtnis blieben.

SINGER: O doch. Da ist zum Beispiel Sonja in ›Schuld und Sühne‹.

BURGIN: Finden Sie nicht, daß sie eher eine stereotype Figur ist: die Hure mit dem goldenen Herzen?

SINGER: Nein, sie ist keine stereotype Figur. Die wurde erst von seinen Nachahmern geschaffen.

BURGIN: Vielleicht könnte man sagen, daß er das Stereotyp zum erstenmal verwendet hat.

SINGER: Der Mann, der als erster die Augen seiner Geliebten mit den Sternen verglich, war höchst originell. Nein, Sonja ist eine lebendige, dreidimensionale Figur. Sie ist zwar sentimental, aber Sentimentalität gehörte nun mal zum russischen Leben. Außerdem sind Huren bekanntlich sentimental. Sie ist eine typische Russin, und davon gibt es noch mehr, zum Beispiel Raskolnikows Mutter und Schwester. Sie schreiben in ›Schuld und Sühne‹ einen Brief, der einfach großartig ist. Gewiß, es ist

Dostojewskij, der sie diesen Brief schreiben läßt. Im allgemeinen schreibt niemand Briefe wie diesen. Dennoch ist er beeindruckend und sagt viel über die Figuren aus. Doch, ich finde, daß Dostojewskij die Frauen verstanden hat.

BURGIN: Bei Tolstoi liegen die Dinge ganz anders.

SINGER: Ich kann nicht feststellen, daß Dostojewskij vor allem über Männer schreibt. Im Theater sieht man manchmal Stücke, in denen sechs Männer und nur eine oder zwei Frauen auftreten. Dort hat man auch lieber mehr Männer als Frauen.

BURGIN: Aber das gilt nicht für Ihr Theater, das heißt, für Ihr Werk.

SINGER: Ich schreibe oft über Frauen, aber immer in ihrer Beziehung zu Männern.

BURGIN: Ich finde, es ist sehr bemerkenswert, wie gut Sie Frauen verstehen.

SINGER: Manche Frauen werfen mir aber vor, ein Frauenfeind zu sein. Aber die Vertreterinnen der Frauenbewegung mißtrauen ja jedem Mann. So wie viele übereifrige Juden jeden Nichtjuden als Antisemiten beschimpfen, so bezeichnen die Propagandistinnen des Feminismus jeden Mann als Sexisten. Sie haben so eine Art Stammesbewußtsein entwickelt. Am liebsten möchten sie, daß die Schriftsteller alle Frauen als klug und ohne Fehler darstellen und alle Männer als brutale Ausbeuter. Sobald etwas zum »Ismus« gemacht wird, ist es bereits falsch und lächerlich.

BURGIN: Sie haben viel über die unveränderlichen Eigenschaften der Menschen gesagt; aber die Lage der Frauen hat sich verändert, und diese Veränderung wie auch die Veränderungen in den Lebensverhältnissen vieler anderer Menschen haben Sie im Laufe Ihres Lebens sicherlich mit beobachtet.

SINGER: Ich will Ihnen sagen, was ich beobachtet habe. Die Eifersucht, von der die Menschen annahmen, sie sei ein besonders starker Instinkt, und für die sie bereit waren zu töten und zu sterben, spielt nicht mehr die wichtige Rolle wie vor hundert Jahren. Zwei berühmte Schriftsteller, Puschkin und Lermontow, sind bei Duellen ums Leben gekommen, weil jemand versucht hatte, den guten Ruf ihrer Frauen zu ruinieren. Heute läßt die Empfindlichkeit der Menschen in solchen Dingen immer mehr nach. Ein betrogener Ehemann hat nicht mehr das Gefühl, ihm sei großes Unrecht geschehen. Viele Männer lassen es sogar zu, daß ihre Frauen Affären haben, und machen deswegen kein großes Aufhebens. Und Frauen sind in dieser Beziehung ihren Männern gegenüber noch nachsichtiger geworden. Ich weiß nicht, woher es kommt, aber die Vorstellung, daß einem der Partner gehört wie ein Eigentum, verschwindet allmählich.

BURGIN: Beunruhigt Sie das, oder finden Sie das eher gut?

SINGER: Einerseits beunruhigt es mich, weil ich an die alten Zustände gewöhnt bin. Wenn meine Frau mir sagen würde, sie habe einen Geliebten, würde ich keinen Tag mehr bei ihr bleiben. Aber andererseits finde ich diese Veränderung auch ganz gut. Meiner Meinung nach können die Menschen heute nicht mehr so leben wie vor Jahrhunderten, als die Frau ein Leben lang Eigentum ihres Mannes war. Viele sind zu der Überzeugung gekommen, daß man sich nicht vertraglich verpflichten kann, einen anderen Menschen immer zu lieben. Mehr und mehr Männer und Frauen sind der Auffassung, daß man dem Menschen, der einen heute liebt, keine Garantie dafür abverlangen darf, daß er einem bis ins hohe Alter treu bleibt. Ich selbst halte die monogame Liebe noch immer für das Ideal, aber viele Menschen sind eben nicht mehr bereit, dieses Ideal anzuerkennen.

BURGIN: Ich erinnere mich, daß Bertrand Russell in seinem Essay-Band ›Skepsis‹ an einer Stelle schreibt, man sollte junge Paare verpflichten, erst drei Jahre zusammenzuleben, bevor sie heiraten. Würden Sie so einer Vorschrift zustimmen?

Singer: Man sollte dann aber auch in die Heiratsurkunde hineinschreiben, daß sie die nächsten, sagen wir, fünfzehn Jahre in Kraft bleibt. Solange ein Mann und eine Frau ihre Kinder aufziehen, müssen sie einander treu bleiben, sonst weiß ja kein Mann, ob ein Kind tatsächlich von ihm ist. Aber was im Neuen Testament steht – daß kein Mensch trennen soll, was Gott zusammengefügt hat –, das ist ein Ideal und nicht die Wirklichkeit. Offenbar sind inzwischen viele Menschen davon überzeugt, daß sich das nicht verwirklichen läßt. Obwohl ich also selbst die moderne Einstellung zur Sexualität nicht teile, glaube ich doch, daß die Veränderungen in der Beziehung zwischen den Geschlechtern und in der Auffassung von der Liebe keine vorübergehende Erscheinung sind, sondern ein Ergebnis der menschlichen Entwicklung und der menschlichen Natur.

Burgin: Es hat also gewisse grundlegende Veränderungen gegeben, um nicht zu sagen: Fortschritte.

Singer: Ich weiß nicht, ob man das Fortschritt nennen kann, aber Veränderungen haben im Laufe meines Lebens zweifellos stattgefunden. Als ich ein Kind war, dachten die Leute über die Familie noch genauso wie schon vor fünfhundert Jahren. ›Anna Karenina‹ hat zwar nichts von seiner Gültigkeit verloren und ist noch immer ein wundervoller Roman, aber es ist doch kein Werk unserer Zeit mehr – jedenfalls nur zum Teil.

Burgin: Es wirkt längst nicht mehr so schockierend.

Singer: Das Thema hat etwas von seiner Bedeutung verloren, da das Problem der ehelichen Treue nicht mehr mit demselben erbitterten Ernst behandelt wird wie früher. Othello ist kein Mann unserer Zeit mehr, und wo es ihn noch gibt, ist er ein Relikt. Lassen Sie mich hier etwas wiederholen, was vielleicht auch für unser jetziges Gespräch Geltung hat. Wir sollten in der Literatur weniger nach neuen Wörtern, Wendungen, stilistischen Dingen Ausschau halten als vielmehr nach neuen Entwicklungen und neuen Aspekten menschlichen Verhaltens. Ein

Schriftsteller, der immer nur an seinem Stil feilt, macht keine neuen Entdeckungen. Die wirklichen Schätze liegen für den Schriftsteller in der Welt um uns herum, in ihren ständigen Veränderungen, ihren absurden Verwicklungen, der Vielfalt des menschlichen Wesens, unseren Leidenschaften, Torheiten, Verirrungen, Hoffnungen, Enttäuschungen, besonders in der Liebe. Tolstoi, Dostojewskij, Balzac, Dickens und Gogol haben nicht immerzu über sich selbst geschrieben. Sie haben überhaupt nur selten in der Ich-Form geschrieben.

BURGIN: Aber glauben Sie nicht, daß zum Beispiel Dostojewskij allen seinen Figuren Züge seiner eigenen Persönlichkeit gegeben hat, auch wenn das oft sehr gegensätzliche Züge sind?

SINGER: Trotzdem haben sich diese Autoren auch für das Seelenleben und die Lebensumstände anderer interessiert. Sie haben nicht die ganze Zeit ihre eigenen Gemütszustände seziert und literarische Kalligraphie getrieben. Dostojewskij war kein Mörder, und doch konnte er ein Buch über einen Studenten schreiben, der ein Mörder war. Natürlich kann man sagen, er habe in Raskolnikow sich selbst gesehen, aber er hat doch auch fortwährend über das Leben und den Charakter anderer Menschen nachgedacht. Ich selbst bin im Alltag ein introvertierter Mensch, aber in dem, was ich schreibe, bin ich eher extrovertiert. Ein Schriftsteller muß vergessen können, wer er ist, wenigstens ab und zu. Tolstoi konnte das, aber Proust nicht.

BURGIN: Wie erklären Sie es sich, daß unsere Gesellschaft in vieler Hinsicht immer extrovertierter, das heißt in bezug auf menschliche Beziehungen offener wird, während ein Großteil der Literatur so nach innen gerichtet ist?

SINGER: Seit der Freudschen Theorie, also dieser Geschichte mit der Analyse und dem Grübeln über Komplexe, interessieren sich viele Leute für sich selbst, für ihre Hemmungen und ihre Launen. Die Schriftsteller des neunzehnten Jahrhunderts waren zwar auch an ihrer eigenen Person interessiert, aber sie waren sich darüber im klaren, daß die Literatur ihre wahre Kraft aus der Darstellung anderer Menschen bezieht. Von Tschechow etwa gibt es keine einzige Erzählung, in der er über sich selbst schreibt.

Ab und zu schreibe ich ja auch in der Ich-Form, aber das darf nicht zur Gewohnheit werden. Von der Darstellung des Bewußtseinsstroms halte ich gar nichts, weil man damit doch immer nur von sich selber schwatzt. Wenn ein Schriftsteller aber immerzu nur über sich selber schreibt, wird er langweilig, genauso wie jemand, der immer nur von sich selber redet. Ein Schriftsteller, der sich selbst in den Mittelpunkt der Aufmerksamkeit stellt, wird zum *Nudnik**. Und ein Nudnik, der sich obendrein für tiefsinnig hält, ist noch viel schlimmer als ein einfacher Nudnik.

BURGIN: Aber wie steht es mit der Darstellung des Bewußtseinsstroms bei Faulkner und Joyce, wo es ja mehrere Erzähler gibt?

SINGER: Ich finde nicht, daß sie dadurch wirklich gute Geschichten erzählt haben. Was jemand denkt, erfahren wir doch im Grunde nicht aus dem, was er uns sagt, sondern aus dem, was er tut. Dabei fällt mir folgender Vorfall ein: In den Cheder, wo ich Unterricht hatte, kam mal ein Junge gelaufen und sagte: »Wissen Sie, daß mein Vater vorhatte, mir eine runterzuhauen?« Darauf fragte ihn der Lehrer: »Woher willst du denn wissen, daß dein Vater vorhatte, dir eine runterzuhauen?« Und der Junge sagte: »Weil er's getan hat.«

Jemand kann Ihnen stundenlang erzählen, was er denkt, aber wer er wirklich ist, beurteilt man am besten nach dem, was er tut. Das ist der große Irrglaube der modernen Psychoanalyse, daß sie alles danach bemißt, was man denkt und wie man sich fühlt.

* jiddisch: Plage, Taugenichts.

Lesen Sie mal die Bibel. Da ist nie die Rede von dem, was einer dachte, sondern nur von dem, was er tat. Das gilt für die Genesis genauso wie für die Bücher Josua, Samuel oder Könige. David tat dies und Saul tat das und Jonathan tat jenes. Nur im Buch Esther heißt es an einer Stelle: »Haman dachte in seinem Herzen.« Der Talmud betrachtet das als Beweis dafür, daß der Verfasser des Buches Esther vom Geist Gottes erleuchtet war, denn sonst hätte er nicht wissen können, was Haman in seinem Herzen dachte. Und wenn man Tolstoi oder Flaubert oder Tschechow liest, dann geht es immer nur um das, was der Held oder die Heldin sagten oder taten. Ich selbst würde eine Geschichte nie mit so einem Satz beginnen wie »Mr. Soundso saß da und dachte ...« Statt dessen würde ich beschreiben, wie er aussah, was er tat und was er sagte. Ich würde eher eine Situation schildern als seine Gedankengänge. Ich weiß, es gibt Ausnahmen von dieser Regel, und ich weiß auch, daß ich mit meiner Meinung von dem abweiche, was die heutige Literaturkritik lehrt, aber ich sage sie trotzdem.

BURGIN: Daß in der modernen Literatur so wenig geschieht, das heißt, daß so wenig Handlung beschrieben wird, hat seine Ursache vielleicht in einem Gefühl der Ohnmacht, einem Gefühl, daß man gar nicht mehr wirklich handeln kann.

SINGER: In einer Zeitung liest man nie, was jemand gedacht hat; man liest immer nur, was er getan hat. Deswegen lesen die Leute Zeitungen viel lieber als Bücher. Die Zeitung teilt einem mit, daß ein Mann seine Frau umgebracht hat, und nicht, daß er es erwogen hat. Oft sind die psychologischen Gründe für so eine Tat dem Leser ja schon bekannt. Wenn man liest, daß ein Mann nach Hause kam, seine Frau mit einem Geliebten im Bett fand und die beiden erschoß, dann kann man sich mehr oder weniger vorstellen, wie wütend er war und was ihm durch den Kopf ging, als er verhaftet wurde. Gute Literatur hält sich an Ereignisse und Situationen. Den Bewußtseinsstrom durchschaut man schnell, und dann wird er langweilig. Tolstoi beschreibt zwar gelegentlich, was seine Helden denken, und Dostojewskij tut das noch öfter, aber ihre Werke sind trotzdem voller Handlung und Spannung. Natürlich ist das eine andere Art von Handlung als in der Schundliteratur – nicht so unglaubwürdig und gekünstelt –, aber es ist doch Handlung. Wenn man zum Beispiel ›Schuld und Sühne‹ liest, erfährt man erst auf der allerletzten Seite den Grund für Raskolnikows Tat. Bis dahin wissen wir nur, wie Raskolnikow sie zu erklären versucht, und was er sagt, ist deshalb interessant, weil er es im Gespräch mit dem Staatsanwalt sagt und nicht in einem Selbstgespräch.

Durch die Darstellung des Bewußtseinsstroms geht man, genaugenommen, dem Erzählen einer Geschichte aus dem Weg. Außerdem ist es eine sehr bequeme Sache. Man läßt einfach jemanden dreihundert Seiten lang vor sich hinreden, ohne viel zu enthüllen. Bei wirklich außergewöhnlichen Talenten gilt das allerdings nicht. Ein großes Talent könnte sogar in den Bewußtseinsstrom eine Menge aufschlußreicher Handlungen einbetten, aber bis jetzt ist das noch keinem ganz überzeugend gelungen. Den sogenannten Avantgardisten gelingt es deshalb nie, weil sie um jeden Preis originell sein wollen und ihre ganze Kraft dem Stil widmen. Sie vergessen oder unterschätzen, wie originell Ereignisse, Situationen oder seltsame Begegnungen sein können. Statt dessen glauben sie, sie seien schon etwas Besonderes, wenn sie alle Satzzeichen weglassen oder ihren Namen klein schreiben oder ähnliche Mätzchen machen. Diese Autoren ahmen sich doch immer nur gegenseitig nach, denn die Möglichkeiten solcher Gags sind ja begrenzt. Am Ende sind es nur noch banale, alberne Spielereien. Solche Leute sind uninteressant und zu keiner Entwicklung fähig, während das Leben um sie her randvoll ist mit Ereignissen und Neuigkeiten. Seit die modernen Lyriker sich von Rhythmus und Reim abgewandt haben und keine erzählenden Gedichte mehr schreiben, gibt es kaum noch einen Markt für Lyrik. Sie sind so unverständlich geworden und so wenig schöpferisch, daß die Leser das Interesse an ihren Rätselaufgaben völlig verloren haben.

6

Was für alle gilt, ist uninteressant – Festhalten der Juden an ihrer Geschichte – Assimilation und Schreiben – Eine geistige Adresse

BURGIN: Besteht Ihrer Meinung nach für einen Schriftsteller eine besondere Notwendigkeit, in politischen oder gesellschaftlichen Angelegenheiten mitzuwirken oder Partei zu ergreifen?

SINGER: So etwas ist nur schädlich. Ich habe noch nie einen politischen Roman oder einen soziologischen Roman gesehen, der wirklich etwas getaugt hätte, und ich will ihnen auch sagen, warum. Die Soziologie hat es ja nicht mit einem einzelnen Menschen oder einigen wenigen Menschen zu tun, sondern mit Menschenmassen, und in einem gewissen Sinn gilt das auch für die Psychologie. In ›Schuld und Sühne‹ geht es Dostojewskij nicht um das Problem des Verbrechens im allgemeinen, denn es gibt nur wenige Verbrecher, die so sind wie Raskolnikow. Raskolnikow ist als Einzelfall gedacht. Natürlich kann man aus einem Einzelfall auch ein paar allgemeingültige Erkenntnisse ableiten, aber das ist eigentlich nicht die Absicht des Künstlers. Für die Literatur ist das, was für alle gilt, uninteressant. Ich habe einmal gesagt, daß Newton niemals berühmt geworden wäre, wenn das Gesetz der Schwerkraft, das er beim Anblick eines herabfallenden Apfels entdeckte, nur für diesen einen Apfel gegolten hätte. Vielmehr wurde die Entdeckung der Schwerkraft gerade dadurch so bedeutsam, daß er den Einzelfall verallgemeinerte und nachwies, daß dieser Apfel dieselben Eigenschaften hat wie ein Stein, die Erde, die Planeten und sämtliche Himmelskörper. In der Literatur ist es genau andersherum. Wenn ein guter Schriftsteller oder Maler einen Apfel beschreiben oder malen will, muß es ein ganz bestimmter Apfel sein, und deshalb wird ein

Schriftsteller, der sich auf allgemeine Aussagen oder auf die Darstellung von Massen einläßt, seinem Beruf nicht gerecht.

In ›Krieg und Frieden‹ zum Beispiel kommen nur ein paar Figuren vor, die wirklich interessant sind. Über die Napoleonischen Kriege erfahren wir sehr wenig. Vor allem geht es um Andrej und Natascha und noch einige andere. Aber wenn Pierre in ›Krieg und Frieden‹ anfängt, sich über die Agrarreform und die Befreiung der Bauern auszulassen, wird es so langweilig, daß die meisten Leser diese Stellen überblättern.

BURGIN: Aber finden Sie nicht, daß man sich im Alltag – wenn wir einmal von der Literatur absehen – politisch engagieren sollte?

SINGER: Wir brauchen einen Präsidenten, wir brauchen Politiker, wir brauchen Soziologen. Ich sage also nicht, daß sie unnötig wären. Ich sage nur, daß ein Schriftsteller, der in dem, was er schreibt, zum Soziologen oder Politiker wird, zu keinen neuen Einsichten kommt und daß seine Bücher darunter leiden. Wenn er seinen Roman beendet hat, kann er natürlich hingehen und für einen speziellen Kandidaten oder wen er sonst mag eine Rede halten. Damit wird er nichts verderben. Aber sein Roman darf keine politische Abhandlung sein.

BURGIN: Wie würden Sie Ihre Grundeinstellung in politischen Dingen, soweit Sie sich damit befassen, charakterisieren?

SINGER: Ich bin eigentlich ein Konservativer. Ich glaube nicht, daß wir viel erreichen, wenn wir ständig der großen Menge nach dem Mund reden.

BURGIN: Da bin ich anderer Meinung, aber wir sind ja beide politisch nicht aktiv, und in einem Gespräch wie diesem würde es uns auch kaum gelingen, einander zu überzeugen.

Ich würde Sie gern etwas anderes fragen. Im Zusammenhang mit Israel sprachen Sie einmal von »kultureller Geschmacklosigkeit«. Gibt es im Augenblick in Israel

Entwicklungen, oder gab es sie, als Sie das letztemal dort waren, die Sie als geschmacklos bezeichnen würden, und wenn ja, aus welchem Grund?

SINGER: Ich halte es für äußerst geschmacklos, daß man sich dort über das Jiddische lustig macht, denn wenn jiddisch sprechende Juden nicht Jahrhunderte lang im Exil gelitten hätten, gäbe es jetzt keinen jüdischen Staat. Dieser Versuch, Jahrhunderte jüdischer Geschichte in Osteuropa auszutilgen und ihre Sprache verächtlich zu machen, ist sehr geschmacklos. Es freut mich, daß inzwischen wenigstens einige politische Führer in Israel zu dieser Einsicht gekommen sind. Sie bemühen sich zurückzublicken, zu verstehen, welche Bedeutung dem Jiddischen einmal zukam, und das auch anzuerkennen. Nach der Balfour-Erklärung konnte es auf Veranstaltungen in Israel, bei denen jiddisch gesprochen wurde, vorkommen, daß Fanatiker hereinstürmten, die Anwesenden verprügelten und jiddische Bücher zerrissen. Sie haben alle möglichen Brutalitäten verübt. Gott sei Dank sind diese Zeiten vorüber.

BURGIN: Sie haben sich über Israels Platz in der Geschichte sehr leidenschaftlich geäußert.

SINGER: Nie hat es auf der Welt ein Volk gegeben, das sein Land verlassen mußte und sich dann nicht nach einiger Zeit assimiliert hätte. Wenn Menschen ins Exil gehen oder auch wenn sie einfach auswandern, passen sie sich in der Regel nach ein oder zwei Generationen an ihre neue Umgebung an. Millionen von Deutschen sind in dieses Land ausgewandert, und alle sind »echte« Amerikaner geworden. Nichts, außer vielleicht ihre Namen, erinnert mehr daran, daß sie einmal Deutsche waren, und die deutsche Sprache haben sie ganz vergessen. Die Juden dagegen sind seit zweitausend Jahren im Exil, haben in Hunderten von Ländern gelebt und viele Sprachen gesprochen, und doch haben sie ihre alte Sprache, das Hebräische, beibehalten. Sie hielten am Aramäischen und später am Jiddischen und an ihren Büchern fest, und sie gaben ihren Glauben nicht auf. Und heute, nach zweitausend Jahren, kehren sie nach Israel zurück. Das ist in der Geschichte der Menschheit etwas so Einmaliges, daß niemand es für möglich halten würde, wenn es nicht geschehen wäre. Hätte jemand eine Geschichte über solch ein Volk geschrieben, sie wäre von den Kritikern als Ausgeburt der Phantasie abgetan worden. Darin liegt das Besondere der Geschichte des jüdischen Volkes. Diese Fähigkeit, als Minderheit, als verfolgte Minderheit zu leben und über zwei Jahrtausende die eigene Kultur zu bewahren, ist mit keiner soziologischen oder psychologischen Theorie über Nationen oder Gemeinschaften zu erklären. Hier liegt die Bedeutung des Zionismus, denn er zeigt, daß manchmal auch ganze Gemeinschaften etwas Außergewöhnliches leisten können. Die Juden sind in der Geschichte der Menschheit einzigartig, und es ist ganz unglaublich, wie sie an ihrer Geschichte festgehalten haben.

BURGIN: Das bringt mich auf die sehr vielschichtige Frage der Assimilation. Ein Thema, das in Ihren Romanen und Erzählungen immer wiederkehrt, ist das des Gegensatzes zwischen Juden, die sich assimiliert haben, und solchen, die das nicht getan haben. Betrachten Sie sich selbst als halb assimiliert?

SINGER: Nein, ich halte mich nicht für einen assimilierten Juden. Ich spreche noch immer Jiddisch, die Sprache meiner Eltern.

BURGIN: Aber von gewissen Lehren Ihrer Religion haben Sie sich entfernt.

SINGER: Ich bin sicherlich nicht so religiös wie meine Eltern. Vom religiösen Standpunkt aus könnte man also sagen, ich sei assimiliert, aber vom kulturellen Standpunkt aus bin ich es nicht. Ich schäme mich nicht meines Judentums; im Gegenteil, ich bin stolz darauf. Ich betone immer wieder, daß ich Jude bin. Ich schreibe über Juden, und ich schreibe in jüdischen Sprachen. Zuerst schrieb ich nämlich hebräisch.

BURGIN: Wie würden Sie dann einen assimilierten Juden definieren?

SINGER: Ein assimilierter Jude ist jemand, der sich seiner Herkunft schämt, der seine Wurzeln verleugnet. Er tut so, als sei er ein anderer.

BURGIN: Darf ich mich selbst als Beispiel nennen? Ich stamme aus einer Stadt mit einer überwiegend jüdischen Bevölkerung, aber alle Juden, die ich kannte, waren assimiliert.

SINGER: Wenn Sie in einem assimilierten Haus großgeworden sind, kann ich Ihnen daraus keinen Vorwurf machen. Wenn schon der Vater oder Großvater zur Assimilation neigte, kann man an diesem Zustand wenig ändern, es sei denn, man wäre bereit, große Anstrengungen zu unternehmen.

BURGIN: Aber wann kann man denn sagen, jemand neige zur Assimilation? Mein Vater zum Beispiel übt zwar seine Religion nicht aus, aber er hat nie geleugnet, daß er Jude ist, so wenig, wie er sich damit brüsten würde.

SINGER: Hat er Sie in eine jüdische Schule geschickt, als Sie noch klein waren?

BURGIN: Nein.

SINGER: Hat er Sie Hebräisch oder Jiddisch gelehrt?

BURGIN: Nein, aber er hätte nie bestritten, daß er Jude ist. Er hat sich dessen nie geschämt. Als wir in Europa waren, wollte er bestimmte Gegenden, in denen man die Juden diskriminiert hatte, nicht besuchen.

SINGER: Dann würde ich sagen, daß er zur teilweisen Assimilation neigte, denn wenn es ihm etwas bedeutete, Jude zu sein, warum hat er es dann nicht seinen Sohn gelehrt? Nehmen wir einmal meinen Sohn. Er ist ein hebräisch schreibender Journalist, lebt in Israel und gehört einem Kibbuz an. Ich wollte nicht, daß er einmal sagt: »Ich bin zwar als Jude geboren, aber das bedeutet mir nichts.« Solche Menschen mögen zwar große Wissenschaftler oder sonst etwas werden, aber sie werden niemals große Schriftsteller sein.

BURGIN: Warum nicht? Das müssen Sie mir erklären.

SINGER: Weil Schreiben in ganz enger Beziehung zur Herkunft, zu den Wurzeln eines Menschen steht. Die großen Autoren waren alle in ihrem Volk verwurzelt. Tolstoi, Dostojewskij und Gogol waren durch und durch Russen beziehungsweise Ukrainer. Dostojewskij wurde sogar zum Panslawisten und wollte, daß die ganze Welt russisch werde. Der einzige bedeutende Autor, der solche Wurzeln nicht hatte, war Kafka. Aber immerhin suchte Kafka nach seinen Wurzeln, er sehnte sich danach. Wenn Sie dagegen einen Mann wie Koestler nehmen, der die Assimilation predigt und so gern beweisen möchte, daß die Juden gar keine Juden sind, dann fehlt es ihm sowohl als Mensch wie auch als Schriftsteller an Würde. Ein jüdischer Schriftsteller, der sein Judentum verleugnet, ist kein Jude, gehört aber im Grunde auch sonst nirgendwo dazu.

BURGIN: Angenommen, Sie hätten sich in eine Nicht-Jüdin verliebt. Hätten Sie sie dennoch heiraten können?

SINGER: Ich weiß es nicht. Manchmal ist die Liebe ja stärker als alle Grundsätze. Meine Frau stammt aus einer assimilierten Familie. Sie wurde in Deutschland geboren, und ihr Vater assimilierte sich. Daß sie Juden waren, spielte nur noch an Rosch Haschana und Jom Kippur eine Rolle. Als wir uns kennenlernten, erzählte ich ihr, daß ich ein jiddischer Schriftsteller sei. Sie fand das sonderbar. »Wieso denn ein jiddischer Schriftsteller? Was für eine Zukunft hast du denn als jiddischer Schriftsteller? Welchen Sinn hat es, in einer Sprache zu schreiben, die nur von rückständigen Menschen gesprochen wird und die allmählich ausstirbt?« Aber mir waren das Jiddische und die Juden und ihre Sprache wichtig, und meiner Meinung nach mußte ich über sie schreiben, wenn ich ein guter Schriftsteller werden wollte, und nicht über die amerikanischen Nicht-Juden, von denen ich ja gar nichts wußte. Ich mußte mir die Erinnerung an meine Jugendzeit erhalten und bei meiner Sprache und bei den Menschen bleiben, die ich am besten kannte. Ein assimilierter

Schriftsteller tut das nie. Er möchte immer in eine Gemeinschaft hineinkommen, zu der er nicht ganz gehört.

BURGIN: Sie sprechen oft mit einer gewissen Verachtung von den assimilierten Juden. Was ist denn so schlecht an ihnen? Als Menschen, meine ich, nicht als Schriftsteller.

SINGER: Einerseits sind sie ja das Salz der Erde mit ihrer ungeheuren Tatkraft und ihrem Ehrgeiz. Aber als Salz verursachen sie der Menschheit auch erhöhten Blutdruck. Sie sind weder echte Juden noch echte Christen. Sie haben nirgendwo Wurzeln. Immerzu graben sie in der Erde anderer Leute, und nie stoßen sie auf irgendwelche Wurzeln. Bewußt oder unbewußt versuchen sie, nationale und kulturelle Identitäten wegzuwischen. Wie die Erbauer des Turms von Babel versuchen sie, die ganze Welt nach einem einzigen Stil umzuformen. Oftmals predigen sie eine Art von Liberalismus, der ganz und gar nicht liberal ist, sondern das genaue Gegenteil. Aber das Schlimmste an den Befürwortern der Assimilation ist, daß sie keinen Stolz haben. Sie wollen immer da sein, wo man sie nicht haben will.

BURGIN: Ihre literarischen Gestalten bringen es aber mitunter fertig, einander zu lieben, auch wenn sie unterschiedlichen religiösen Traditionen entstammen, zum Beispiel Jakob und Sarah in ›Jakob der Knecht‹.

SINGER: Gewiß. Ich behaupte ja nicht, daß man Menschen einer anderen Nation nicht lieben kann, aber Jakob bleibt doch, was er war. Natürlich versucht er, Sarah zu assimilieren, aber das gelingt ihm nur zum Teil. Auch sie kann ja ihre Wurzeln nicht vergessen, sosehr sie sich auch bemüht, im jüdischen Leben zu verwurzeln. Ihr genügt es nämlich nicht, daß sie ihn liebt. Sie möchte auch neue Wurzeln finden.

BURGIN: Aber sie tut das ihm zuliebe.

SINGER: Ja, aber das tut nichts zur Sache, denn wie man zu seinen Wurzeln kommt, ist unwichtig. Mitunter kann man seine Wurzeln auswechseln. Bei einem Schriftsteller kann das jedoch fatale Folgen haben. Das erste Opfer eines solchen willkürlichen Wechsels ist dann seine Kunst.

BURGIN: Wenn ich Sie so höre, fürchte ich fast, zum Scheitern verurteilt zu sein, denn ich schreibe zwar Romane, stamme aber aus einer sogenannten Mischehe. Ich glaube, ich erwähnte das bereits.

SINGER: Sie müssen Ihre Wurzeln finden.

BURGIN: Und die sind halb so und halb so.

SINGER: Schreiben Sie über die Menschen, die Ihnen am vertrautesten sind, gleichgültig ob es Juden oder Protestanten oder Türken sind. Wenn Sie über die Dinge und Menschen schreiben, die Ihnen am vertrautesten sind, entdecken Sie Ihre Wurzeln, auch wenn es neue Wurzeln oder Teilwurzeln sein mögen. Mit anderen Worten, Sie sollten die Wurzeln Ihres Vaters ebensowenig verleugnen wie die Ihrer Mutter.

BURGIN: Mein Vater hat mich zu einem Freidenker mit sehr liberalen und kosmopolitischen Ansichten erzogen.

SINGER: Ich glaube nicht, daß je ein Marxist einen bedeutenden Roman geschrieben hat. Das liegt daran, daß ein Schriftsteller Wurzeln haben muß, während der Marxismus gegen alle Wurzeln ist. Ein Marxist ist ein Kosmopolit oder versucht, einer zu sein. Ein guter Schriftsteller dagegen gehört zu seinem Volk und zu seiner Umgebung, ob er will oder nicht. Ein Kosmopolit schreibt nie etwas Einzigartiges. Er ist ein Verallgemeinerer. Man mag sagen, Gogol sei politisch naiv oder ein Reaktionär gewesen, aber er hielt immer an seinen ukrainischen Wurzeln fest. Wurzeln zu haben bedeutet, nichts zu verleugnen. Man muß aus seiner Herkunft und Erziehung das Beste machen. Niemand wächst ja in einem Vakuum auf. In Ihrem Fall, Mr. Burgin, sind die Wurzeln verworren und verschiedenartig, aber es sind doch Wurzeln. Wenn Sie aber einen kosmopolitischen Roman über Menschen schlechthin schreiben wollen, wird Ihnen das nie gelingen, denn so etwas wie »Menschen schlechthin« gibt es nicht.

BURGIN: Was meinen Sie damit?

SINGER: Man kann nicht eine Liebesgeschichte von zwei Menschen schreiben, ohne dabei auf deren Hintergrund einzugehen – aus welchem Land sie kommen, welche Sprache zu Hause gesprochen wurde und wo sie aufgewachsen sind. Wenn man über einen Schriftsteller spricht, nennt man ja auch immer seine Herkunft und seine Sprache. Schriftsteller sind viel stärker als andere Künstler mit ihrem Heimatland verbunden, ihrer Sprache, ihrer Geschichte, ihrer Kultur. Sie sind einerseits große Einzelgänger, andererseits hängen sie sehr stark an ihren Ursprüngen.

BURGIN: Warum sind die Menschen nur so besessen von ihrer Religion und ihrem Heimatland? Warum ist ihnen das so ungeheuer wichtig?

SINGER: Wegen der Unterschiede. Der Unterschied zwischen einem Iren und einem Italiener ist vielleicht nicht so wichtig, wenn die beiden Ingenieure sind, aber wenn sie Romane schreiben, ist dieser Unterschied sogar äußerst wichtig. Sean O'Casey hätte nie so geschrieben wie Pirandello. Er kam nun mal aus Irland, und das Schicksal hat ihn dazu bestimmt, als Ire zu schreiben. Wenn Sie einen Brief an jemanden in, sagen wir, Polen schreiben wollen, dann können Sie ihn nicht einfach an »einen Menschen« adressieren. Er würde nie ankommen, denn es gibt schließlich drei oder vier Milliarden Menschen auf der Welt. Man muß also schreiben »An Herrn Soundso« und außerdem das Land angeben, die Stadt, die Straße, die Hausnummer und manchmal sogar die Nummer der Wohnung. Genauso ist es mit der Literatur. Natürlich wissen wir, daß Sie über einen Menschen schreiben, aber die Frage ist doch, über was für einen Menschen: Woher kommt er, wo lebt er, was für eine Sprache spricht er? Man muß seine geistige Adresse angeben. Selbstverständlich sieht so eine Adressenangabe in der

Literatur anders aus als auf einem Briefumschlag, aber der Gedanke, der dahinter steht, ist derselbe. Man muß vom Allgemeinen zum Besonderen gehen, bis uns klar ist, daß es nur eine solche Person geben kann. In der Literatur gilt, daß keine zwei Männer oder Frauen einander völlig gleich sind. Das Axiom der Literatur heißt Individualität, und literarische Begabung besteht darin, Individuen glaubhaft zu schildern und unser Interesse an ihnen zu wecken. Die Helden schlechter Romane sind aus Pappmaché. Ich muß hinzufügen, daß Kriege und Revolutionen nicht nur Menschen, sondern auch kostbare kulturelle Wurzeln vernichten. Frieden hingegen erschafft und hegt sie.

7

Literarische Inflation – Die Entstehung einer Geschichte – Im Schlaf sind wir alle Genies – Voraussetzungen des Schreibens – Das Leben als Vorbild – Experten für Fingerabdrücke

BURGIN: Sie sprechen oft davon, daß Literatur spannend sein müsse. Warum ist das so wichtig?

SINGER: Der Mensch leidet mehr als jedes andere Wesen unter Langeweile. Manchmal glaube ich, die Langeweile beginnt schon im Mutterleib. Es sterben mehr Menschen vor Langeweile als wir ahnen. Die Aufgabe der Kunst ist es, die Langeweile zu vertreiben und nicht, sie noch schlimmer zu machen (was unfähige Autoren und Kritiker aber häufig tun). Die Politiker haben ein sehr einfaches Mittel gegen die Langeweile, nämlich den Krieg oder die Revolution. Die Kunst dagegen soll für eine weniger gefährliche Art von Spannung sorgen. Es gibt keine Entschuldigung für Literatur, die nicht unterhaltend ist oder dem Leser nicht hilft, der Eintönigkeit des Lebens zu entfliehen.

BURGIN: Glauben Sie wirklich, daß es für die Literatur noch nicht erschlossene Quellen der Unterhaltung gibt?

SINGER: Die Meister des neunzehnten Jahrhunderts waren alle große Unterhalter im besten Sinne des Wortes. Die Lyrik – vor allem aufgrund ihrer Kürze, der Reime und des Rhythmus – hat viele Generationen von Lesern entzückt. Heute erleben wir den Niedergang der Lyrik als einer Form der Unterhaltung und Erbauung. Die Lyrik der Moderne spricht die Leser nicht an und läßt sie unberührt. Es ist, als wäre sie eigens für Literaturprofessoren geschrieben, damit sie Kommentare und Interpretationen über den vermeintlichen Tiefsinn dieser Werke verfassen können. Für die Leser sind sie unverständlich und reizlos. Nun besteht die Gefahr, daß sich der Roman und das Drama in dieselbe Richtung entwickeln und so esoterisch werden, daß niemand mehr etwas mit ihnen anfangen kann.

BURGIN: Sie sprachen gerade von Kommentaren und Interpretationen. Wann ist nach Ihrer Auffassung eine Kritik gut oder schlecht?

SINGER: Hippolyte Taine hat ein zehnbändiges Werk geschrieben, um zu zeigen, daß ein Künstler das Produkt seiner Zeit und seiner Umgebung ist. Seine Schüler haben dasselbe in Tausenden von Büchern wiederholt. Trotzdem ist diese Behauptung falsch. Kunst und Talent sind weniger das Produkt einer Zeit als vielmehr der Erbanlagen. Talent ist angeboren. Auch das Talent, gute von schlechter Kunst zu unterscheiden, ist angeboren und ist eine Sache der Veranlagung. Manche Menschen sind von Natur aus unmusikalisch, und genauso gibt es Menschen, denen von Natur aus ein Sinn für den Wert von Literatur fehlt. Ihnen kann weder ein Arzt noch ein Professor helfen. Geschmack oder fehlender Geschmack sind letzten Endes biologisch bedingt.

BURGIN: In einem Interview haben Sie einmal erklärt, wir litten an einer literarischen Inflation. Was haben Sie damit gemeint?

SINGER: Viele Wörter sind in einem solchen Maße mißbraucht worden, daß sie jegliche Bedeutung und jeglichen Wert verloren haben. Sie können weder geistige noch seelische Sachverhalte wiedergeben, und deshalb ist es für Schriftsteller immer schwerer geworden, sich genau auszudrücken. Sie müssen übertreiben, um noch verstanden zu werden. Am meisten haben unter der literarischen Inflation solche Wörter gelitten, die Gefühle ausdrücken. Während unser Vorrat an Substantiven und Verben insgesamt angewachsen ist, blieb die Zahl der Wörter, die Gefühle bezeichnen, fast konstant. Die Begriffe, die die moderne Psychologie geprägt hat, waren schon immer recht fragwürdig, und in einer ernsthaften literarischen Darstellung kann man sie höchstens in Anführungszeichen benutzen. Wenn man sich als Schriftsteller präzise ausdrücken will, ist man gezwungen, auf fast alle Adjektive zu verzichten. Man muß praktisch mit den Substantiven auskommen, die klare und einfache Vorstellungen vermitteln. Die Sprache der Technik spricht die Gefühle nicht an, sie vermag den Leser weder zu unterhalten noch zu erbauen. Es klingt vielleicht paradox, aber je umfangreicher unsere Wörterbücher werden, um so ärmer wird die Sprache für die Romanautoren. Die Kunst des Schreibens besteht heutzutage nicht mehr darin, neue Wörter zu erfinden, sondern immer mehr von den Wörtern zu meiden, die nur noch leere Hülsen sind wie zum Beispiel »gut, schlecht, anständig, unmoralisch, reizend, häßlich, edel, klug, hübsch« und viele, viele andere, die mittlerweile völlig abgegriffen sind.

BURGIN: Klingt das nicht wie Schwarzseherei?

SINGER: Manchmal denke ich, wir werden uns noch bildhafte Ausdrücke von den Chinesen entleihen müssen. Aber im Ernst: Ein guter Schriftsteller muß lernen, mit einem Wortschatz zu arbeiten, der mit der Zeit ärmer anstatt reicher wird. Joyce hat sicherlich die Gefahr gespürt, daß die Sprache an Blutarmut zugrunde gehen könnte. Ich glaube aber nicht, daß er dafür das richtige Heilmittel gefunden hat.

BURGIN: Wie steht es mit dem Jiddischen?

SINGER: Die jiddische Sprache ist nicht so strapaziert worden wie das Französische, Deutsche, Spanische, Englische oder andere weit verbreitete Sprachen. Sie hat noch ziemlich viele Adjektive und Redewendungen, die nicht banal klingen. Vielleicht ist das auch noch in ein paar anderen Sprachen so, die nicht von Millionen Menschen gebraucht und mißbraucht werden. Das Problem mit den umgangssprachlichen Wendungen, so schön und ausdrucksvoll sie auch sein mögen, besteht darin, daß man sie als Schriftsteller nur in Dialogen verwenden kann. Sobald man sich selbst zu Wort meldet, muß man die Umgangssprache vermeiden und sich so exakt wie möglich ausdrücken. Dramen dagegen bestehen ja nur aus Dialog, und der Dramatiker kann deshalb mehr umgangssprachliche Wendungen benutzen als jeder andere Autor. Leider kann man Umgangssprachliches kaum übersetzen. Es ist stärker auf ein Sprachgebiet beschränkt, gehört mehr zu einem bestimmten Volk und ist stärker in ihm verwurzelt als andere Formen der Sprache. Umgangssprache braucht eine bestimmte Umgebung, um leben zu können.

BURGIN: Könnten Sie mir noch etwas mehr über die Besonderheiten des Jiddischen als Literatursprache sagen?

SINGER: Wenn man jiddisch schreibt, benutzt man eigentlich drei Sprachen: eine alte Form des Deutschen, Hebräisch und Aramäisch. Außerdem gibt es Verbindungen zu den slawischen Sprachen. Das Jiddische hat zwar keinen wissenschaftlichen und technischen Wortschatz entwickelt, aber es besitzt außerordentlich viele Wörter, um den Charakter und andere Eigenschaften eines Menschen zu beschreiben. Sie war schon freudianisch, bevor Freud da war, und hat uns auf ihre schlichte Weise viel über unser Seelenleben gesagt. Es ist gewissermaßen eine Sprache mit Humor, die sich nur schwer übersetzen läßt.

BURGIN: Borges hat einmal gesagt, er könne sich zwar eine Welt ohne Romane vorstellen, aber nicht ohne Märchen, Geschichten oder Gedichte. Was halten Sie von dieser Bemerkung?

SINGER: Ich meine, nachdem wir einmal den Roman haben, werden wir auch an ihm festhalten. Wenn der Mensch etwas geschaffen hat, kommt er auch immer wieder darauf zurück. Es mag Zeiten geben, in denen die Romane mal kürzer, mal länger ausfallen, oder es mag Romane geben, die sich mit anderen Themen als der Liebe befassen – obwohl ich mir das kaum vorstellen kann. Es gibt aber keinen Grund anzunehmen, daß der Roman oder das Fernsehen oder das Radio verschwinden werden. Alles was der Mensch einmal erfunden hat, hat Aussichten, in der einen oder anderen Form weiter zu bestehen.

Burgin: Sie sind also nicht der Meinung, die Borges zu vertreten scheint, daß Erzählungen und Gedichte so etwas wie zeitlose Literaturformen darstellen, die dem Roman überlegen sind?

Singer: Ein Roman *ist* eine Erzählung, eine Geschichte. Er ist nur länger, und weil er so umfangreich ist, kann man Geschichten in die Geschichte einbauen. Wenn ein Roman keine Geschichte erzählt, ist er kein Roman.

Burgin: Sie haben mir einmal gesagt, Ihrer Meinung nach beherrschten Sie die Form der Kurzgeschichte besser.

Singer: Eine Kurzgeschichte ist viel leichter zu planen und kann ein höheres Maß an Vollkommenheit erreichen als ein Roman. Wenn man eine Kurzgeschichte erzählt, kann man so lange daran arbeiten, bis man das Gefühl hat, nun sei sie perfekt. Ein Roman dagegen, besonders ein langer Roman, kann nie vollkommen sein – nicht einmal in den Augen dessen, der ihn geschrieben hat, vorausgesetzt, er ist zur Selbstkritik fähig. Je länger ein Roman ist, um so größer ist die Wahrscheinlichkeit, daß er Schwächen hat. Ein langer Roman hat mehr Schwächen als ein kurzer, es sei denn, er stammte von einem großen Könner und der kurze von einem Pfuscher. Tolstois ›Der Tod des Iwan Iljitsch‹ hat zum Beispiel weniger Schwächen als ›Krieg und Frieden‹.

Burgin: Ich erinnere mich, wie Faulkner einmal die Entstehung von ›Schall und Wahn‹ schilderte und sagte, ihm sei ein bestimmtes Bild ständig im Kopf herumgegangen: ein kleines Mädchen, das auf einen Baum klettert und dabei an der Rinde seine Unterhose schmutzig macht. Dieses Bild sei für ihn der Ausgangspunkt gewesen. Wie ist das bei Ihnen? Gehen Sie anders vor, wenn Sie etwas schreiben?

Singer: Ich suche immer nach einer Geschichte, aber ganz am Anfang, noch bevor die Geschichte da ist, ist da so etwas wie eine Atmosphäre. Als ich anfing, ›Satan in Goraj‹ zu schreiben, war es die Atmosphäre jüdischer Vorstellungen vom Übernatürlichen – von Dämonen und all dem, was die Atmosphäre in ›Satan in Goraj‹ ausmacht. Danach suchte ich nach einer Geschichte, die zu dieser Atmosphäre paßte. Nehmen wir Strindbergs ›Der Vater‹. Strindbergs erster Gedanke war vermutlich, daß das ganze System der Vaterschaft falsch ist. Kein Vater weiß ganz genau, ob er der Vater seiner Kinder ist. Für Strindberg war das ein sehr beunruhigendes Gefühl, und aus diesem Gefühl heraus entstand dann sein Stück. Manchmal kommt erst die Geschichte und dann stellen sich die Gedanken und Gefühle ein, manchmal steckt der Gedanke schon in der Geschichte selbst. Genaugenommen sind Gedanken, Gefühle und Bilder gleichzeitig in unserem Kopf. Diese Unterscheidungen entsprechen nur selten der Wirklichkeit.

BURGIN: Aber wie ist es bei Isaac Bashevis Singer? Woher kommt das, was Sie schreiben? Ich nehme an, daß verschiedene Geschichten auf verschiedene Weise entstehen.

SINGER: Bei mir ist es der Wunsch, ein Gefühl festzuhalten oder eine Vielzahl von Gefühlen oder einen Ort, von dem ich meine, daß ihn noch nie jemand beschrieben hat. Bei der ›Familie Moschkat‹ habe ich mir gesagt: »Warschau ist vor kurzem zerstört worden. Niemand wird mehr das Warschau sehen, das ich kannte. Darüber will ich schreiben. Dieses Warschau soll nicht für immer untergehen.« Was Homer, wenn Sie mir diesen Vergleich gestatten, dieser größte aller Dichter für Troja empfand, das habe ich auf meine einfache Weise für Warschau empfunden. Aber ich wußte auch, ich kann nur über das Warschau der Juden schreiben, nicht das der Katholiken. Die Katholiken kannte ich eben nicht so gut wie die Juden.

BURGIN: Und wie kamen Sie dann zu der eigentlichen Geschichte?

SINGER: Die Geschichte der ›Familie Moschkat‹ entstand nicht auf einmal. Ich wußte zwar, daß es interessant wäre, über einen Mann wie Meschulam Moschkat zu schreiben, aber ich hatte noch keine Geschichte, die ich erzählen konnte. Dann sagte ich mir, wenn schon eine Geschichte erzählt werden muß, dann soll es eine Liebesgeschichte sein, denn schon damals war mir klar, daß man ohne eine Liebesgeschichte keinen richtigen Roman schreiben kann. Das haben zwar schon viele versucht, aber es ist noch keinem gelungen.

Außerdem wollte ich jemanden darin haben, der mir ähnlich ist wie dieser Euser Heschel, der aber nicht mit mir identisch ist. Und dann überlegte ich mir, daß Euser Heschel allein nicht genügen würde, um den Roman interessant zu machen, und daß ich noch andere Personen brauchte. Ich glaube, das ganze ist ein Prozeß, bei dem zuerst eine Welt von Gefühlen entsteht. Dann muß man allmählich die Geschichte entwickeln. Die Entwicklung der Geschichte und ihre Spannung aus der Verbindung mit glaubwürdigen Figuren – das ist das Schwierigste bei der Entstehung eines Romans.

BURGIN: Hat es auch Fälle gegeben, in denen Sie eine Geschichte sehr schnell vor Augen gehabt haben?

SINGER: Ja, es kommt vor, daß mir Geschichten sehr schnell einfallen. Erst heute kam mir der Gedanke zu einer Geschichte. In Sekunden war er da.

BURGIN: Haben Träume einen Einfluß auf das, was Sie schreiben?

SINGER: Das weiß ich nicht, aber ich träume sehr häufig.

BURGIN: Es wird oft behauptet, Schreiben und Träumen hingen eng zusammen.

SINGER: Im Schlaf sind wir in gewisser Weise alle Genies, denn wir nehmen dann Dinge wahr, die ganz außergewöhnlich und geheimnisvoll sind, und zugleich nehmen wir sie sehr stark gefühlsmäßig wahr.

BURGIN: Alles ist verdichtet und voll von Bedeutungen.

SINGER: Im Hebräischen gibt es den Ausdruck »Traumschöpfer«. Mir scheint, daß ein Schöpfer von Träumen das größte Genie überhaupt ist, denn er ist alles: ein Mystiker und ein Symbolist und sogar ein ganz großer Realist. Aber die meisten Menschen können nicht träumen, wenn sie wach sind. Sie träumen nur bei Nacht und vergessen später ihre Träume wieder. Der Künstler dagegen träumt bei wachem Bewußtsein. Künstlerisches Schaffen ist eine Form von Träumen. Der einzige Unterschied liegt darin, daß der Künstler manchmal ein ganzes Jahr für das braucht, was ein Traum in zwei Minuten fertigbringt. Ich weiß nicht, welchen Zweck Träume eigentlich haben, aber ich könnte mir denken, daß sie eine dem Menschen angeborene Art von Unterhaltung sind. Früher konnten die Menschen ja nicht ins Theater oder Kino gehen, und da haben ihnen die Träume dieses Mindestmaß an Unterhaltung geboten, das sie brauchen, um nicht vor Langeweile zugrunde zu gehen. Aber sie sind mehr als nur Unterhaltung. Ein guter Autor schreibt zwar, um seine Leser zu unterhalten, aber er gibt ihnen zugleich mehr als Unterhaltung, und so ist das auch mit den Träumen.

BURGIN: Kennen Sie Freuds Buch über die ›Traumdeutung‹? Sagt es Ihnen irgend etwas?

SINGER: Ich glaube, es steckt mehr in den Träumen als das, was Freud darin sieht. Wie immer man Träume definieren mag, man greift damit immer zu kurz. Es ist eine Eigenschaft der menschlichen Sprache, daß wir bei allem, was wir sagen, zu kurz greifen und nie die vollständige Bedeutung erfassen.

BURGIN: Das Ineinanderfließen von Traum und Wachsein ist eins Ihrer wiederkehrenden Themen. Ich denke da an die Auflösung der Wirklichkeit, die Sie in einer meiner Lieblingsgeschichten, ›The Dance‹, schildern. Sie erinnern sich sicherlich daran.

SINGER: An dieses Geschichtchen? Aber ja! Es erschien zuerst in einer Zeitschrift mit dem Titel ›Nimrod‹.

BURGIN: Ich glaube, diese Zeitschrift gibt es heute noch.

SINGER: Ja, denn ich habe dort gerade wieder eine Geschichte veröffentlicht. Es ist eine literarische Zeitschrift, die von der Universität von Tulsa herausgegeben wird.

BURGIN: Wann haben Sie Ihre Geschichte veröffentlicht? Wie lange ist das jetzt her?

SINGER: ›The Dance‹ muß vor acht oder neun Jahren erschienen sein. Es freut mich, daß die Geschichte Ihnen gefällt.

BURGIN: Ich wüßte gerne, wie Sie über Ihr Œuvre denken. Gibt es irgendwelche Erzählungen oder Romane, die Sie besonders mögen?

SINGER: Nein, ich habe keine besonderen Lieblinge. Es geht mir wie einem Vater, der zehn Kinder hat und sie allesamt liebt, und wenn man ihm sagt, er liebe eins davon besonders, dann wird er zwar zustimmen, weil er es wirklich liebt, aber er wird nie sagen, es sei besser als die andern.

BURGIN: Sie glauben also nicht, daß Sie Ihre Absichten in manchen Geschichten und Romanen besser verwirklicht haben als in anderen?

SINGER: Ich glaube, ich habe sie mehr oder weniger in allen so weit verwirklicht, wie es mir möglich war. Gewiß, wenn ich noch mehr daran gearbeitet hätte und wenn ich die Zeit gehabt hätte, sie umzuschreiben, dann hätte ich sie vielleicht verbessern können; aber im Rahmen der Zeit, die mir dafür zur Verfügung stand, habe ich im großen und ganzen, wie man so sagt, mein Bestes gegeben.

BURGIN: Aber Sie finden nicht, daß manche gelungener sind als andere?

SINGER: Ich denke, das zu entscheiden ist ganz allein Sache der Leser und der Kritiker.

BURGIN: Üben Sie selbst keine Kritik an Ihren Werken?

SINGER: Nein, nicht in diesem Sinne. Ich denke nie darüber nach, welches besser und welches schlechter ist.

BURGIN: Vielleicht nicht in solchen groben Kategorien, aber denken Sie nicht manchmal im nachhinein: »Das liegt unter dem Niveau, das ich sonst erreiche«?

SINGER: Ich lese meine Sachen später nicht noch einmal. Ich weiß aber, daß die größeren Romane wie ›Die Familie Moschkat‹ und ›Das Landgut‹ ihre Schwächen haben, vielleicht mehr Schwächen als ›Jakob der Knecht‹ und ›Der Zauberer von Lublin‹. Vielleicht auch nicht. Ich weiß es nicht.

BURGIN: Um noch mal auf Ihre Arbeitsweise zurückzukommen: Sie haben einmal gesagt, Ihre Figuren seien eigentlich nie erfunden.

SINGER: Ich nehme mir immer Vorbilder aus dem Leben. Die meisten Vorbilder für ›Satan in Goraj‹ kamen aus dem Städtchen Bilgoraj, wo mein Großvater Rabbi war. Nicht weit von Bilgoraj liegt das Dorf Goraj, und die Bewohner von Bilgoraj sind denen von Goraj so ähnlich, daß ich sie mir ohne weiteres in Goraj vorstellen konnte. In einigen Fällen habe ich sogar die Namen wirklicher Personen benutzt, zum Beispiel Mordechai Joseph. Ich bediene mich beim Schreiben lebender Gestalten.

BURGIN: Haben Sie irgendwelche »Regeln«, wie man gute Prosa schreibt?

SINGER: Ja, für mich habe ich ein paar Regeln. Eine davon lautet: Wenn du einen Roman oder eine Novelle schreibst, achte darauf, daß jedes Kapitel die Handlung ein Stück voranbringt und daß es genausoviel Information enthält wie das erste. Es muß Neues bieten, viel Anschauliches enthalten und viele Aussagen über Personen, klein im Umfang, aber groß in der Qualität sein.

BURGIN: Welchen »Regeln« folgen Sie, wenn Sie eine Kurzgeschichte schreiben?

SINGER: Sie muß kurz sein. Bei manchen Autoren fallen die Kurzgeschichten außerordentlich lang aus. Bei Tschechow oder Maupassant ist das nie der Fall. Ihre Kurzgeschichten sind tatsächlich kurz. Dann muß sie natürlich von Anfang bis Ende spannend sein. Bei schlechten

Schriftstellern läßt die Spannung schon bald nach und hört schließlich ganz auf. Was die Entstehung selbst betrifft, so fange ich mit einem Gedanken oder einem Gefühl an. Dann brauche ich ein Handlungsgerüst, eine Geschichte mit Anfang, Mitte und Schluß, wie es schon Aristoteles fordert. Eine Geschichte muß für mich etwas Überraschendes haben. Sie sollte so aufgebaut sein, daß man beim Lesen der ersten Seite nicht gleich weiß, was auf der zweiten kommen wird. Und wenn man die zweite Seite liest, darf man nicht wissen, was auf der dritten steht, denn das Leben ist ja auch voll von kleinen Überraschungen. Die zweite Voraussetzung ist, daß man einen sehr starken Drang verspürt, diese Geschichte zu schreiben. Manchmal habe ich einen sehr guten Entwurf einer Geschichte bei der Hand, aber irgendwie fehlt mir der Drang, sie niederzuschreiben. In diesem Fall lasse ich es lieber bleiben.

Die dritte Voraussetzung ist die wichtigste. Ich muß der Überzeugung sein oder zumindest die Illusion haben, daß ich der einzige bin, der gerade diese Geschichte oder diesen Roman schreiben könnte. Nehmen wir beispielsweise ›Gimpel der Narr‹. Ein anderer Autor kann vielleicht hundert bessere Geschichten schreiben, aber die Geschichte von Gimpel dem Narren ist, so wie ich sie erzähle, eine Geschichte, wie nur ich sie schreiben konnte und nicht meine Kollegen oder etwa Autoren, deren Muttersprache Englisch ist.

Für eine Geschichte braucht man Figuren. Anstatt mir nun welche auszudenken, rufe ich mir Personen ins Gedächtnis, die mir im Lauf meines Lebens begegnet sind und die in diese Geschichte passen würden. Manchmal verbinde ich zwei Personen miteinander und mache eine einzige Figur daraus. Oder ich nehme jemanden, den ich in diesem Land kennengelernt habe, und versetze ihn nach Polen, oder umgekehrt. Auf jeden Fall muß ich aber ein Vorbild haben.

Gute Maler benutzen ja auch Modelle. Sie wissen, daß

es in der Natur mehr Überraschendes gibt, als unsere Phantasie je erfinden könnte. Wenn man ein Vorbild heranzieht, eine Person, die man kennt, dann nähert man sich bereits dadurch der Natur mit all ihren Überraschungen, Absonderlichkeiten und Eigenarten.

Ich denke mir keine Figuren aus, weil sich der Allmächtige bereits Millionen und Milliarden von ihnen ausgedacht hat. Die Menschheit mag schon eine Million Jahre alt sein, aber ich bin davon überzeugt, daß es in dieser ganzen Zeit keine zwei Menschen gegeben hat, die einander wirklich gleich waren. Experten für Fingerabdrücke stellen ja auch nicht ihre eigenen Abdrükke her, sondern sie lernen, die Fingerabdrücke anderer zu lesen. Genauso lernt der Schriftsteller, menschliche Charaktere zu lesen.

BURGIN: Sie haben einmal gesagt, Sie entwickelten Ihre Figuren in einer solchen Weise weiter, daß die ursprünglichen Vorbilder kaum noch zu erkennen sind.

SINGER: Das stimmt. Ich vergesse schon beinahe selbst, wer die Vorbilder waren. Anfangs orientiere ich mich immer noch an dem Vorbild, aber wenn ich die Figur dann weiter entwickle, wird das Abbild allmählich plastischer als das Modell, so daß ich es unter Umständen sogar am Ende vergesse. Aber das ist eigentlich gar nicht so gut. Es ist besser, an dem Vorbild festzuhalten.

Sie werden feststellen, daß gute Maler häufig Modelle haben. Sie sehen hin, und dann malen sie. Manchmal fragt man sich: »Wozu sieht er sich diese Person zum tausendsten Mal an? Er hat dieses Gesicht doch schon gesehen.« Aber das stimmt nicht. Jedesmal, wenn der Maler aufblickt, sieht er etwas anderes, eine neue Variante. Und das ist sehr wichtig. Ich finde, es ist ein großes Unglück, daß die Literatur aufgehört hat, Modelle zu betrachten. Manche Autoren sind dermaßen an irgendwelchen Ismen und Ideologien und Theorien interessiert, daß sie glauben, ein Modell könne dem kaum noch etwas hinzufügen. Dabei sind all diese Theorien und Ideen im Nu überholt, während das, was die Natur uns bietet, nie überholt ist. Was die Natur erschafft, hat einen Hauch von Ewigkeit an sich.

8

Verrat und freier Wille – Irrtum ist nur ein menschlicher Begriff – Schopenhauer und die Kabbalisten – Ein Gefühlsmillionär – Der Universalroman

BURGIN: Ich würde mit Ihnen gern über verschiedene Themen sprechen, die ich in Ihren Werken immer wieder angetroffen habe. Eins davon ist das Thema des Verrats – Männer verraten Frauen, Frauen verraten Männer, Kinder verraten ihre Eltern, Menschen üben Verrat an ihrer Religion oder an Gott.

SINGER: Was mich mehr als alles andere bekümmert, ist, daß Menschen Verrat an sich selber üben. Da nimmt sich ein Mann zum Beispiel vor, ein guter Sozialist zu sein, und wird dann zu einem Sozialisten, der diesen Namen nicht verdient, zu einem Stalinisten. Das hat sehr viel mit Willensfreiheit zu tun, denn wenn die Menschen tatsächlich von ihrem freien Willen Gebrauch machten, dann könnten sie Entscheidungen treffen und dann auch nach diesen Entscheidungen handeln. Ich bin der Meinung, daß die Geschichte der Menschheit zu einem großen Teil eine Geschichte des Verrats an sich selber und an anderen ist. Diese Dinge hängen eng miteinander zusammen. Möchten Sie, daß wir weiter darüber reden?

BURGIN: Ja.

SINGER: Der Thora zufolge nahmen die Juden die Thora auf dem Berg Sinai entgegen, aber der biblischen Geschichte zufolge haben sie sich nie wirklich an die Thora gehalten. Wenn man das Buch Samuel und das Buch der Könige liest, stellt man fest, daß die meisten unserer Könige sich nicht an die Thora gehalten haben. Die Geschichte fast aller Könige endet mit den Worten: »Er tat, was dem Herrn mißfiel.« Sie dienten Götzen, verjagten nicht die Tempelhuren, opferten fremden Göttern, hörten auf falsche Propheten und so weiter. Und wenn wir uns die Geschichte des Christentums ansehen, so wissen wir, daß Jesus zwar ebenso wie seine Jünger und Apostel die Nächstenliebe predigte, daß es aber dennoch viele Christen gegeben hat, die Verrat am Neuen Testament übten, die die Bergpredigt verkündeten und ihr genau entgegengesetzt handelten. Sie waren voller Haß, sie führten Inquisitionen durch, sie verfolgten Minderheiten, und das alles im Namen der Nächstenliebe. Menschen, die für Nächstenliebe und Brüderlichkeit und Gleichheit eingetreten waren, übten an sich selber Verrat, sobald sie an die Macht gelangten.

Auch manche Schriftsteller üben Verrat an sich selber. Anfangs sind sie entschlossen, nicht um des Geldes willen zu schreiben, sondern dem, woran sie aufrichtig glauben, Ausdruck zu geben. Nach einiger Zeit geben sie dann ihre Prinzipien auf und lassen sich auf allerhand Machenschaften ein: Sie suchen sich neue Freunde, bilden Klüngel und so weiter, loben die Mittelmäßigen und attackieren die wirklich Begabten – und das alles nur, um sich persönliche Vorteile zu verschaffen.

BURGIN: Ein anderes Ihrer wiederkehrenden Themen oder Motive ist die Vorstellung, daß es im Leben ein Element des Zufalls, des Irrtums gibt.

Manchmal sieht es so aus, als seien die »Irrtümer«, die Sie in Ihren Werken schildern, beabsichtigt. Zum Beispiel Jaschas versuchter Raubüberfall in ›Der Zauberer von Lublin‹.

SINGER: Spinoza sagt, in unserem Universum gebe es keine Irrtümer. Nur vom menschlichen Standpunkt aus erscheine uns etwas als Irrtum. Man würde beispielsweise nie sagen, ein Tier habe sich geirrt. Irren ist etwas rein Menschliches. Mit Sicherheit würden wir nie behaupten, einem Stein unterlaufe ein Irrtum, wenn er auf ein Dach fällt. Weil wir davon ausgehen, daß der Mensch Entscheidungsfreiheit hat, sprechen wir von Fehlern. Tatsächlich ist dieser Glaube an einen freien Willen ein kategorischer Imperativ. Wir können nicht leben, ohne an ihn zu glauben. Man mag hundertmal behaupten, es gebe ihn nicht, so wie man behaupten kann, es gebe keine Schwerkraft. Aber noch während man die Schwerkraft leugnet, spaziert man weiter auf der Erde dahin anstatt in den Himmel hinaufzufliegen. Allein die Tatsache, daß wir alle über menschliche Irrtümer reden, beweist doch, daß wir an den freien Willen des Menschen glauben.

BURGIN: Im Zusammenhang mit der Frage des freien Willens verweisen Sie in Ihren Werken und in Gesprächen wiederholt auf Schopenhauer, der glaubte, ein blinder Wille beherrsche die Natur. Wenn ich mich nicht irre, setzte Schopenhauer Genie mit »Objektivität« gleich oder mit der Fähigkeit, sich diesem Willen zu entziehen.

SINGER: Schopenhauer steckt voller Widersprüche, aber trotzdem ist er wundervoll. Er ist ein Genie. Allerdings stimme ich ihm nicht zu, daß der Wille blind ist. Er hat sicher recht, wenn er sagt, daß das Ding an sich der Wille ist, aber ich bin ganz und gar nicht der Auffassung, daß eine blinde Macht eine Amöbe, eine Blume oder einen Menschen erschaffen könnte. Was ich an Schopenhauer bewundere, ist sein Mut, ein Pessimist zu sein. Die meisten Philosophen haben ja auf die eine oder andere Weise versucht, von der Welt ein schönes Bild zu entwerfen und den Menschen Hoffnung zu machen, was aber nur ein Wunschdenken war. Schopenhauer dagegen hatte den Mut zu sagen, daß wir in einer Welt des Bösen leben. In dieser Hinsicht steht er den Kabbalisten nahe, die diese Welt ebenfalls als einen Ort der Dämonen, als die finsterste aller Welten bezeichnen. Der einzige Unterschied ist der, daß diese Welt nach der Auffassung der Kabbalisten das schwächste Glied in der Kette Gottes ist, solange wir uns nicht um eine rechtschaffene Lebensführung bemühen. Die Kabbalisten glauben an den freien Willen, wenn sie sagen, daß die Menschen nur gut sein müßten, um die Kette der Schöpfung intakt zu halten. Schopenhauer andererseits ist nie in diese Richtung gegangen. Den Kabbalisten zufolge hat Gott den Menschen dafür, daß er ihn in der finstersten aller Welten erschaffen hat, entschädigt, indem er ihm den freien Willen gab, aber Schopenhauer ist Fatalist. Dennoch erklärt er, der Geist könne den blinden Willen erleuchten, seine Wirkung abmildern oder ihn sogar außer Kraft setzen. Das sieht wie ein kasuistischer Kompromiß aus, aber dahinter verbirgt sich eine tiefe Einsicht in das menschliche Dasein.

Was ich außerdem an Schopenhauer schätze, ist seine schöne Sprache und seine scharfe Beobachtung des menschlichen Lebens. Er war ein hervorragender Psychologe. In psychologischer Hinsicht hat er die Menschen sehr gründlich studiert. Er kannte ihre Leidenschaften ganz genau. Die Anhänger Hegels lehnen Schopenhauer ab, so wie Hegel selbst Schopenhauer abgelehnt hätte, wenn er ihn gekannt hätte. Schopenhauer verachtete Hegel, weil er den Menschen falsche Hoffnungen machte. Sein »Zeitgeist« war nichts als ein Hirngespinst, ein leeres Wort, der Glaube, daß Könige und Politiker alle Übel beseitigen könnten. Und wir dürfen auch nicht vergessen, daß aus dem von Hegel bereiteten Boden Karl Marx hervorgegangen ist. Schopenhauer hatte keine Schüler außer vielleicht einem, Hartmann, der aber ein Kapitel für sich ist.

BURGIN: Da war eben wieder dieses Wort, »Leidenschaften«, das auch der Titel einer kürzlich erschienenen Sammlung Ihrer Kurzgeschichten ist. Es könnte aber auch der Titel jedes Ihrer Bücher sein. In Ihrem Werk scheint dieses Wort mindestens zwei verschiedene Sachverhalte zu bezeichnen: zum einen die Tatsache, daß die Menschen Opfer ihrer Leidenschaften sind, was die Welt gefährlich macht, zum andern aber, daß es genauso gefährlich ist, keine Leidenschaften zu haben.

SINGER: Ich war schon immer der Ansicht, daß Gott sehr sparsam, sehr knauserig war, als Er uns mit Fähigkeiten ausstattete. Er hat uns nicht genügend Verstand gegeben und auch nicht genügend körperliche Kraft, aber als Er dann zu den Gefühlen und Leidenschaften kam, da war Er sehr freigebig. Er hat uns so viele und so starke Gefühle mitgegeben, daß jeder Mensch, sogar ein Schwachkopf, ein Gefühlsmillionär ist. Manchmal fragen wir uns deshalb: Wozu brauchen wir so viele Gefühle? Sie stiften doch nur Kummer und Verwirrung. Wenn ich Tiere beobachte, stelle ich fest, daß ihr Gefühlsleben sehr beschränkt ist. Die Gefühle eines Pferdes oder eines Elefanten entsprechen mehr oder weniger direkt seinem Verhalten. Man würde nie sagen, seine Gefühle hätten ein Tier in die eine Richtung getrieben, während sein Verhalten in eine ganz andere Richtung ging. Verhalten und Fühlen eines Tieres stimmen vollkommen überein, während der Mensch gar nicht leben könnte, wenn er all seinen Gefühlen nachgäbe. Er würde nicht nur sämtliche Zehn Gebote brechen, er würde sich auch den Hals dabei brechen. Wenn man auf einem Motorrad sitzt oder in einem Auto, dann verspürt man manchmal den Wunsch, mit Höchstgeschwindigkeit zu fahren. Man weiß aber auch, daß man bestraft werden kann, wenn man zuviel Gas gibt, oder daß das Auto kaputtgehen kann oder daß man jemanden überfahren könnte. Je weiter der Mensch voranschreitet, um so mehr muß er seine Leidenschaften zügeln. In dieser Beziehung ist er eine große Ausnahme unter allen Geschöpfen. Die anderen uns bekannten Lebewesen brauchen ihre Leidenschaften nicht zu zügeln. Man kann zwar manchmal einem Tier beibringen, seine Gefühle zu beherrschen, indem man ihm irgendeine Belohnung gibt oder es bestraft. Aber dieses Lernen des Tieres hat nichts mit freiem Willen zu tun.

Ich meine, daß die Literatur es ganz wesentlich mit dem Konflikt zwischen Gefühl und Verstand, zwischen Leben und Tod zu tun hat. Wenn man nämlich alle seine Gefühle ohne Unterschied auslebt, bringt man sich um. Selbstmörder sind zwar häufig Verstandesmenschen, aber sie nehmen sich selten das Leben, weil sie zu der Überzeugung gekommen sind, daß es besser ist, tot zu sein als zu leben. Meistens tun sie es aus Wut oder um jemanden zu bestrafen oder um vor sich selbst zu fliehen. Gefühle sind deshalb das zentrale Thema der Literatur. Im Grunde hat es jede Form von Kunst mit Gefühlen zu tun. Nimmt man einem Mathematiker seine Gefühle, dann kann er wohl immer noch seine Berechnungen anstellen, aber wenn die Literatur zu intellektuell wird, das heißt, wenn sie sich nicht mehr um Gefühle kümmert und rein verstandesbetont und kalt wird, dann hat sie alles verloren.

BURGIN: Sie sind also vermutlich nicht der Ansicht Nietzsches oder Freuds, daß das menschliche Verhalten im wesentlichen von einer einzigen beherrschenden Leidenschaft oder einem Trieb bestimmt wird.

SINGER: Ich halte es mit Spinoza, der sagt, daß alles zu einer Leidenschaft werden kann. Das bedeutet doch, daß es im Leben nichts gibt, was nicht zu einer Leidenschaft werden könnte. Die Sammelleidenschaft eines Briefmarkensammlers kann so heftig werden, daß er sein Leben riskieren würde, um sich irgendeine lächerliche Marke aus einem weit entfernten Land zu beschaffen. Die Anzahl der möglichen Leidenschaften ist fast so groß wie die Zahl der Gegenstände oder die Zahl der Vorstellungen. Natürlich gibt es besonders wichtige Leidenschaften wie die sexuelle Liebe oder den Machthunger, aber alles andere kann ebenfalls Leidenschaften erzeugen, sogar große Leidenschaften.

BURGIN: Borges hat einmal gesagt, ein Autor habe im Grunde nur drei oder vier Geschichten oder Leidenschaften mitzuteilen, und alles, was er schreibt, seien nur Variationen dieser paar Themen.

SINGER: Ein guter Autor schreibt über das, was in ihm selbst Leidenschaften weckt, und von denen hat jeder Mensch nur eine begrenzte Anzahl.

BURGIN: Gilt das auch für Sie?

SINGER: Ja. Ich habe auch nicht Tausende von großen Leidenschaften. Aber ein Schriftsteller kann jede einzelne von ihnen in zahllosen Varianten beschreiben. Wenn man Tolstoi liest, erkennt man ihn und seine Leidenschaften auch in allem wieder, was er schreibt. Nehmen wir ›Krieg und Frieden‹ und ›Anna Karenina‹. Im einen Fall haben wir Pierre, im anderen Levin, und beide gehören sie zum selben Menschentyp. Beide sind mehr oder weniger so, wie Tolstoi war oder wie er wahrscheinlich in ihrer Lage gewesen wäre. Es ist ungerecht, wenn Leute sich beschweren, daß ein Autor sich wiederhole, denn wenn er sich nicht wiederholte, würde er seinen elementaren Bedürfnissen zuwiderhandeln.

Jeder Autor muß über seine eigenen Themen schreiben, und diese hängen mit seinen zentralen Leidenschaften zusammen, mit dem, was ihn beschäftigt oder bedrückt. Daraus erklärt sich zum Teil der Reiz eines Autors und das, was an ihm unverwechselbar ist. Nur ein Amateur schreibt über jedes beliebige Thema. Er kommt irgendwo hin, hört eine Geschichte – irgendeine, ganz egal –, und sofort wird sie zu »seiner Geschichte«. Ein wirklicher Schriftsteller schreibt dagegen nur solche Geschichten, die seiner Persönlichkeit, seinem Wesen, seiner Lebenseinstellung entsprechen. Daher kommt es wohl, daß wir dieses typische Gefühl des déjà vu haben, wenn wir das Werk eines Klassikers, sagen wir ›Die Brüder Karamasow‹ lesen. Aber gerade weil Dostojewskij ein großer Schriftsteller ist, möchten wir von ihm das gleiche in anderer Form wieder lesen.

Burgin: In einem gewissen Sinn wird ja in Ihrem Werk ein Teil der jüdischen Geschichte, nämlich die Geschichte der jiddisch sprechenden Juden in Polen, mit den Mitteln der Literatur nachgezeichnet. Hatten Sie beim Schreiben – ähnlich wie etwa Balzac oder Proust oder Faulkner – stets einen großen, umfassenden Plan vor Augen?

Singer: Es war nie meine Absicht, das zu schreiben, was man die Menschliche Komödie genannt hat. Literatur kann groß sein, wenn man bei dem bleibt, was man kennt, und sich an die eigenen Leidenschaften und Erfahrungen hält. Aber wenn man versucht, ihr eine umfassende Philosophie zu unterlegen, dann wird das nie gelingen.

Auch Balzac erzählt schließlich nur von Franzosen und nicht von der Menschheit. Er hält sich an sein eigenes Land und versucht uns nichts über die Chinesen zu erzählen.

BURGIN: Ich meinte eigentlich, ob es – mit der eben genannten Einschränkung – Ihre Absicht war, jeden Roman, den Sie schrieben, in ein zusammenhängendes Ganzes einzufügen. Stand es für Sie von Anfang an fest, daß Sie über viele Generationen von Juden schreiben würden?

SINGER: Ich glaube, es ist nicht gut, wenn sich ein Autor hinsetzt und sagt: »Ich werde jetzt die Menschliche Komödie oder die Menschliche Tragödie oder das Paradox der Ehe oder was auch immer darstellen.« Am besten setzt man sich hin und schreibt so, wie einem im Augenblick zumute ist, und später, wenn man ein Leben lang gearbeitet hat, mag ja irgendein Kritiker darangehen und alles einem übergeordneten Standpunkt oder einer Philosophie zuordnen. Ein Autor sollte sich aber nicht um so etwas kümmern. Er sollte über sein eigenes Milieu und seine eigenen Leidenschaften schreiben und nicht den Versuch machen, den »größten Roman aller Zeiten« zu schreiben, den Universalroman, der niemandem mehr etwas zu sagen übrigläßt. So etwas ist ein törichter Ehrgeiz, denn in späteren Generationen wird es viele, viele neue Talente geben, die andere Ansichten und Leidenschaften haben und aus anderen Milieus stammen. Was hat denn Proust getan? Er hat seine Familie beschrieben, weiter nichts. Zu behaupten, seine Familie verkörpere die ganze Welt, ist eine maßlose Übertreibung. Das menschliche Leben ist doch millionenfach reicher als alles, was uns ein Schriftsteller, und sei er noch so bedeutend, jemals geben kann.

9
Literatur und Religion – Ein stummer Gott und die Sprache der Tat – Talent ist angeboren – Shaw und Tolstoi – »Zufälle«

BURGIN: Sartre hat einmal gesagt, die Literatur werde an die Stelle der Religion treten. Wie denken Sie darüber?

SINGER: Ich denke, daß die Literatur niemals an die Stelle der Religion treten wird.

BURGIN: In ›Das Sein und das Nichts‹ geht er dann noch weiter: »Das Ziel des Menschen im zwanzigsten Jahrhundert ist es, Gott zu werden«, usw.

SINGER: Ich halte das für völlig abwegig. Die Literatur hat den Menschen nie dasselbe bedeutet wie die Religion, denn von der Religion haben sie sich ja leiten lassen und für die Religion sind sie sogar gestorben. Denken Sie an die Juden. Daß sie Jahrtausende unter all diesen schrecklichen Umständen leben konnten, war doch nur möglich, weil sie an Gott glauben, an eine Vorsehung und ein Leben nach dem Tode. Was hat denn die Literatur geleistet, daß man sie mit dem Glauben vergleichen könnte? Was haben Romane geleistet? Gewiß, sie unterhalten die Menschen, und das ist auch wichtig. Die Menschen möchten unterhalten werden. Aber kein Roman, kein Gedicht und keine Kurzgeschichte kann je an die Stelle der Zehn Gebote treten. Was Sartre da sagt, ist also stark übertrieben. Es zeigt auch, wie blind manche Menschen gegenüber der Literatur sind und wie furchtbar wichtig sie sie nehmen

BURGIN: Könnte man aber nicht sagen, daß auch die Bibel ein Stück Literatur ist?

SINGER: Für einen religiösen Menschen genügt es nicht, die Zehn Gebote einfach zu lesen, man muß auch danach handeln. Religion wird erst dann zur Literatur, wenn die Menschen sie nicht mehr ernst nehmen. Für die frommen

Juden ist die Thora von größter Bedeutung, und sie leben nach der Thora. Wenn aber jemand ein Gelehrter ist, der die Zehn Gebote nicht beachtet, dann betrachten sie ihn als Ketzer und Verräter Israels.

BURGIN: Sie sagen, Romane seien in erster Linie »Unterhaltung«, aber aus der Vergangenheit gibt es Berichte – und sie treffen ganz sicher zu –, daß zum Beispiel Dostojewskij nächtelang über das Schicksal seiner Romanfiguren geweint hat oder daß Kafka das Schreiben wie eine kultische Handlung aufgefaßt hat, und ich bin überzeugt, daß Sie ähnliche Erfahrungen gemacht haben. Ist das noch bloße Unterhaltung, oder zeigen sich hier nicht Eigenschaften, die darüber hinausgehen?

SINGER: Es kann pure Unterhaltung sein oder manchmal auch ein bißchen mehr als Unterhaltung, aber es kann niemals an die Stelle der Religion treten. Was haben wir denn von Dostojewskij gelernt? Er hat der Menschheit doch nicht gesagt, wie sie leben soll. Die ewigen Probleme dieser Welt zu durchdenken, darin war er wirklich groß, aber er hat uns keinen neuen Weg gewiesen. Das Entscheidende an der Religion ist ja nicht das Lesen frommer Bücher, sondern das Befolgen dessen, was dort geschrieben steht. Wenn man die Bibel nur noch als Dichtung oder Geschichtsschreibung liest, dann ist man kein religiöser Mensch mehr. Ich finde es wichtig, darüber einmal zu sprechen, denn in unserer Zeit glauben viele Menschen, man brauche irgendein wichtiges Buch nur zu lesen, um das zu werden, was das Buch verkündet. Das ist doch genauso, als wollte man sagen, das Lesen der Werke von Karl Marx könne an die Stelle des Sozialismus treten. Aus der Sicht eines Sozialisten muß der Sozialismus *geschaffen* werden. Man muß für ihn kämpfen.

BURGIN: Sie sagten mir vor kurzem, moralisch, ethisch und geistig habe der Mensch im Lauf der Jahrhunderte kaum Fortschritte gemacht.

SINGER: Die Menschen machen technische, aber keine

moralischen Fortschritte. Jedenfalls sehe ich keinen moralischen Fortschritt.

BURGIN: Sie sehen wirklich von keinem Punkt in der Geschichte bis heute irgendeinen Fortschritt? Würden Sie so weit gehen?

SINGER: Es ist eigentlich nicht viel, was ich über die Geschichte weiß. Ich glaube, niemand weiß da so viel, um »richten« zu können.

BURGIN: Ich bin sicher, daß Sie viel mehr wissen als die meisten anderen Menschen.

SINGER: Am ehesten weiß ich etwas über das jüdische Volk, und da glaube ich, daß wir in den letzten zweihundert Jahren, was unser Leben als Juden betrifft, rückwärts und nicht vorwärts gegangen sind. Für mich jedenfalls ist das zwanzigste Jahrhundert kein Jahrhundert der moralischen und religiösen Weiterentwicklung.

BURGIN: Es wird aber oft als das Jahrhundert bezeichnet, in dem die Juden die größten Leistungen in Wissenschaft und Kunst vollbracht und allgemeine Anerkennung gefunden haben.

SINGER: Ich spreche hier von der Religion. Ja, wir haben eine Reihe von Wissenschaftlern und Premierministern gehabt... Die Juden haben wieder ihr eigenes Land, und in einer Anzahl von Ländern werden sie anerkannt. Aber die Erlangung weltlicher Güter ist nicht das, worauf es der jüdischen Religion ankommt. Als Moses die Thora übergab, glaubte er an die Möglichkeit, einen Staat von geistigen Menschen zu schaffen, ein Königreich der Priester und ein heiliges Land. Daraus ist jedoch nie Wirklichkeit geworden. Moses durfte den Jordan nicht überschreiten, denn das, was er schaffen wollte, und das, was in den Jahren nach der Offenbarung auf dem Berge Sinai tatsächlich geschah, waren zwei völlig verschiedene Dinge.

Im heutigen Israel gibt es materiellen Fortschritt, aber unsere größten Leistungen haben wir eigentlich nicht in Israel, sondern im Exil vollbracht. Erst nach der Abfassung des Talmud, zwischen dem Talmud und der Zeit der Emanzipation haben die Juden ein intensives religiöses Leben geführt. Die Bibel berichtet, daß unsere Vorfahren meist Götzenanbeter waren. Unsere Könige, mit wenigen Ausnahmen, taten, was den Augen Jehovas mißfiel. Wenn Sie also sagen, es habe Fortschritte gegeben, dann ist doch die Frage: Fortschritte worin? In der Technik haben wir Fortschritte gemacht. Früher gab es kein Fernsehen und keine Düsenflugzeuge. Aber einen moralischen Fortschritt kann ich in diesem Jahrhundert nicht entdecken.

BURGIN: Sie haben einmal zu mir gesagt: »Ich bin sehr unzufrieden mit der Art von Leben, das wir führen.« Dennoch haben Sie immer wieder erklärt, Sie glaubten an Gott.

SINGER: Ja, ich glaube an Gott.

BURGIN: Auf der einen Seite diese Welt, in der die Menschen keine Fortschritte machen, in der sie sich ethisch und geistig nicht weiterentwickeln, und auf der anderen Seite dieser unerschütterliche Glaube an Gott – wie vereinbaren Sie das miteinander? Ist das etwas, was sich Ihnen seit frühester Kindheit eingeprägt hat?

SINGER: Ich glaube an Gott, aber ich bin im Zweifel, was die Offenbarung betrifft. Wir haben, meine ich, keinerlei Gewähr dafür, daß Gott sich uns offenbart oder uns mitteilt, wie wir uns verhalten sollen, was Er von uns verlangt. Ich glaube, daß Gott stumm ist und daß Er gute Gründe hat, weshalb Er schweigt. Wenn Er anfangen wollte zu sprechen, müßte Er in dreitausend Sprachen und zahllosen Dialekten reden. Gott spricht zu uns in Taten, aber die Sprache der Tat ist ja so umfangreich, daß ihr Wortschatz vielleicht so groß ist wie das Universum. Deshalb können wir nur einen Bruchteil Seiner Sprache verstehen. Alle Aussagen des Menschen über Gott sind nichts als Vermutungen. Aber da ich an die Existenz Gottes glaube, und da Gott den Menschen geschaffen und seinen Verstand geformt hat, glaube ich auch, daß in der menschlichen Vorstellung von Ihm etwas Göttliches sein muß, auch wenn sie völlig unzureichend ist.

BURGIN: Wieviel verstehen Sie von Seiner Sprache?

SINGER: Ich verstehe sie so wie ein dreijähriges Kind, das erst ein paar Wörter beherrscht – »Papa, Mama, Brot« – und das zuhört, wenn sich Erwachsene über höhere Dinge unterhalten. Die Sprache der Tat ist so umfangreich und unser Verständnis von ihr ist so begrenzt, und darum glaube ich, daß Gott sich uns nur in sehr, sehr kleinen Ausschnitten offenbart hat. Er ist ein verborgener Gott. Dennoch spüre ich, daß es Ihn gibt.

BURGIN: Hat es Ereignisse in Ihrem Leben gegeben, die Sie in diesem Glauben bestärkt haben?

SINGER: Ich kann nicht glauben, was die Materialisten behaupten, daß nämlich das Universum aus einer Explosion entstanden sei, die vor Milliarden von Jahren stattgefunden haben soll. Und wenn man nicht glaubt, daß das Universum durch Zufall entstanden ist, dann muß man doch annehmen, daß ein Plan dahintersteht, ein Wollen oder Denken. Und wenn man das annimmt, dann glaubt man bereits an Gott. Man mag dann zwar von Natur sprechen, wenn einem das lieber ist, aber für mich ist diese Natur nicht blind. Wenn wir Natur sagen, dann meinen wir ja im allgemeinen eine blinde Natur, eine Natur, in der es nur physikalische Gesetze gibt, reine Kausalität ohne Ziel und Zweck. Und da ich daran nicht glaube, glaube ich an Gott. Man könnte es auch das Absolute nennen. Das bleibt sich gleich. Das Wort »Gott« ist so gut wie irgendein anderes.

BURGIN: Haben Sie dabei irgendeine konkrete Vorstellung?

SINGER: Ich neige zu der Ansicht, daß Gott und die Welt identisch sind. Gott ist alles: Geist, Materie, das, was ist, was war und was sein wird, so wie ihn auch Spinoza verstanden hat. Aber nach Spinoza besitzt die Substanz mit ihrer unendlichen Zahl von Attributen keinen Willen, keinen Zweck. In diesem Punkt stimme ich

Spinoza nicht zu. Ich meine, daß man der Substanz durchaus einen Willen, Pläne und Absichten zubilligen kann. Spinoza zufolge besitzt Gott, soweit wir wissen, zwei Eigenschaften, Ausdehnung und Denken. Ich finde aber, daß wir Ihm noch viele andere beilegen können, sogar Barmherzigkeit, auch wenn wir sie nicht sehen können. An dieser Stelle enden Definitionen und Logik, und es beginnt der Glaube. Pantheismus ist nicht dasselbe wie Geometrie. Ohne Glauben löst er sich in Nichts auf.

BURGIN: Gestatten Sie, daß ich auf das Thema des Fortschritts in Technik und Literatur zurückkomme und auf die Frage, was Ihnen das bedeutet. Sie sagten, daß ein Schriftsteller das Leben nie in derselben Weise beeinflussen kann wie ein Naturwissenschaftler, auch wenn er noch so viele Neuerungen einführt.

SINGER: Natürlich kann er das nicht. Bedenken Sie doch einmal, was die Naturwissenschaften in den letzten, sagen wir, dreihundert Jahren geleistet haben! Sie haben alles verändert, unser gesamtes Bild von der Welt um uns her. Vor dreihundert Jahren wußte man noch nichts von Mikroben oder von den Ursachen elektromagnetischer Erscheinungen. In diesen dreihundert Jahren haben sich in Wissenschaft und Technik kolossale Veränderungen ergeben. Allein Newton hat die Wissenschaft revolutioniert.

BURGIN: Glauben Sie nicht, daß sich in diesen dreihundert Jahren auch die Inhalte, die Formen, die Stile der Literatur sehr verändert haben? Schließlich hat sich ja auch die Sprache verändert.

SINGER: Ja, die Sprache hat sich verändert, aber wenn man heute den Homer liest, ist es immer noch ein Meisterwerk. Er ist nicht veraltet. Aber von den wissenschaftlichen Erkenntnissen der alten Griechen besitzt kaum noch etwas Gültigkeit, wenn wir einmal von Euklid absehen. Soweit es Romane und Erzählungen betrifft, ist zwar die beste Literatur im neunzehnten Jahrhundert entstanden, aber davor gab es schon einen Cervantes und andere große Prosadichter. Literatur erzählt entweder Geschichten, oder sie gibt Gefühlen Ausdruck. In dieser Hinsicht hat es keine großen Veränderungen gegeben. Unser Wissen hat große Schritte vorwärts gemacht und tut das immer noch, aber unsere Gefühle sind dieselben geblieben, und das gilt im Grunde auch für die Literatur. Sie ist eben keine Wissenschaft, sondern Kunst. Gewisse Professoren und Kritiker würden ja gern eine Wissenschaft daraus machen, aber es wird ihnen nicht gelingen.

BURGIN: Sie betrachten die Literatur als etwas, was sich schrittweise weiterentwickelt wie in einem Evolutionsprozeß.

SINGER: Man liest ja Literatur nicht, um psychologisches oder soziologisches oder sonst ein »-ologisches« Wissen zu erwerben. Kunst dient seit jeher der Unterhaltung, und so wird es auch immer sein. Um höher entwikkelte Köpfe zu unterhalten, muß man natürlich eine höhere Art von Unterhalter sein. Es bleibt aber dabei, daß Kunst, die nicht mehr unterhält und nur noch Lehren erteilen will, ihren Zweck verfehlt. Joyces ›Ulysses‹ finde ich zum Beispiel geradezu langweilig. Ich mag diese abstruse Art zu schreiben nicht, wo der Stil dominiert und die Geschichte nur noch als Transportmittel für den Stil dient.

BURGIN: Über Faulkner denken Sie wahrscheinlich ähnlich? ›Schall und Wahn‹ beeindruckt Sie auch nicht?

SINGER: Ich habe dieses Buch nie gelesen. Aber wenn ich einen Roman lese, der mich langweilt, dann spielt es für mich keine Rolle, ob er irgendwelche anderen Qualitäten besitzt. Ich studiere ja nicht Literatur, sondern lese sie zu meinem Vergnügen.

BURGIN: Und denken Sie über Beckett genauso?

SINGER: Ja, über Beckett denke ich genauso. Wenn ich Geometrie betriebe, dann würde ich nicht erwarten, davon unterhalten zu werden. Wenn ich wissen will, wieviel rechte Winkel ein Dreieck hat, dann erfüllt der betreffende Lehrsatz einen Zweck, der mit Unterhaltung nichts zu tun hat. Ein Lehrbuch braucht keine Schönheit zu besitzen, es muß nicht nach ästhetischen Gesichtspunkten aufgebaut sein. Wenn es trotzdem schön ist, dann besitzt es eben eine zusätzliche gute Eigenschaft, aber diese Eigenschaft ist nicht seine wichtigste. Niemand kann sagen, Bergson sei ein größerer Philosoph als Kant, nur weil Bergsons Stil schöner ist. Die entscheidende Frage ist doch: Was hat er zu sagen?

BURGIN: Würden Sie die Philosophie eher der Wissenschaft als der Literatur zuordnen?

SINGER: Genaugenommen gehört die Philosophie zu keiner von beiden. Sie ist eine Disziplin, eine Lehre für sich: die Geschichte des menschlichen Bemühens, über unsere begrenzten Fähigkeiten hinauszugelangen.

BURGIN: Nietzsche ist doch gewiß eher ein Schriftsteller als ein Wissenschaftler.

SINGER: Nietzsche ist eigentlich gar kein Philosoph. Philosophen, das sind Männer wie Spinoza und Kant und Hume und Locke. Sie hatten es nicht nötig, die Leser anzulocken, obwohl Hume das tut. Sie hatten einfach etwas zu sagen, und ob das, was sie zu sagen hatten, auch irgendwelche Reize besitzt, ist nicht weiter wichtig. Es kommt vielmehr darauf an, ob sie zu neuen Erkenntnissen über die Größe Gottes und die Beschränktheit der Menschen gekommen sind.

BURGIN: Es sind schon so viele Bücher geschrieben worden, sogar mehr unterhaltende, als wir je in unserem Leben lesen können – warum fahren wir da eigentlich fort, Literatur zu produzieren?

SINGER: Wenn man ein Theaterstück einmal gesehen hat, will man es sich nicht ein zweitesmal anschauen. Und wenn man ein Buch gelesen hat, will man es meistens nicht noch mal lesen. Also brauchen wir immer neue Schriftsteller. Außerdem entstehen mit der Zeit neue Situationen, neue Probleme, neue Gedanken.

BURGIN: Glauben Sie nicht, daß ein Leser, indem er

sich unterhalten läßt, auch ein paar Einsichten in die Welt um ihn her bekommen kann?

SINGER: Gewiß, aber kein Roman kann einem so viel Psychologie beibringen, daß man zum Psychologen wird. Und er kann einem nicht so viel Soziologie beibringen, daß man zum Soziologen wird. Die Kommunisten haben beschlossen, daß alle Romane, die in der Sowjetunion erscheinen, einem den Leninismus beibringen müssen. Dabei bringen sie einem gar nichts bei außer der Tatsache, daß nie etwas Gutes dabei herauskommt, wenn unter Zwang geschrieben wird.

BURGIN: In einer Äußerung über den gegenwärtigen Literaturbetrieb haben Sie einmal von den »Großen« und den »Kleinen« gesprochen und die Großen als eine Minderheit definiert, die ein großes ästhetisches Empfinden besitzt. Welche Erklärung haben Sie dafür, daß es im allgemeinen die Leute mit geringem Talent sind, die den Buchmarkt beherrschen?

SINGER: Diese Leute und ihre Leser stellen eben die Mehrheit dar.

BURGIN: Und wie sind sie so geworden, wie sie sind?

SINGER: Sie sind so geboren. Talent ist *angeboren.* Ich glaube nicht, daß man Talente machen kann, daß sie von der Gesellschaft oder von den Lebensumständen gemacht werden. Aber die Erbanlagen bringen nicht viele Talente hervor. Talent war in jeder Generation etwas Seltenes. Es ist fast so etwas wie eine Laune der Natur. Allein in New York gibt es zur Zeit zweihundert Verlage, die jedes Jahr eine bestimmte Anzahl Romane herausbringen müssen, um im Geschäft zu bleiben. Aber woher soll man so viele Talente nehmen? Die Zahl der Leser wird immer größer, weil die Schulbildung besser geworden ist. Man kann den Menschen das Lesen beibringen, aber man kann ihnen nicht beibringen, wie man schreibt. Die Nachfrage wächst also von Generation zu Generation, während das Angebot an wirklich Brauchbarem nach wie vor gering ist. Die Verleger müssen auch ganz Unbegabte zu Talenten erklären, um ihre Bücher verkaufen zu können, denn wenn sie nur auf die paar Leute hören würden, die wirklich Begabte von Unbegabten unterscheiden können, dann wären sie bald pleite. Aber einmal angenommen, die Verleger und Kritiker wüßten, wovon sie reden: woher sollen die Talente denn kommen? Wir wissen zum Beispiel, daß es im neunzehnten Jahrhundert, das ein besonders gesegnetes Jahrhundert war, eine Reihe von Talenten gegeben hat, aber selbst damals konnte man sie an den Fingern einer Hand oder meinetwegen zweier oder dreier Hände herzählen. In unserer Generation gibt es erstmals zigmillionen Leser, und die meisten von ihnen lesen Kitsch.

BURGIN: Warum dauert es oft so lange, bis ein echtes Talent entdeckt wird?

SINGER: Wenn so viele Untalentierte als Talente bezeichnet werden, wissen die Leser und sogar die Kritiker einfach nicht mehr, wer wirklich ein Talent ist. Außerdem sind die »Kleinen« große Lügner. Wenn es sein muß oder wenn sie es für richtig halten, lügen sie ganz dreist. Die Zeiten der Götzenverehrung sind noch nicht vorüber. Man bezeichnet einen Klumpen Lehm als Gott und zwingt andern diesen Glauben mit allen möglichen Tricks auf. Sogar im neunzehnten Jahrhundert wurden wirkliche Talente verfolgt, während man völlig untalentierte Menschen bewunderte. Byron wurde verfolgt, Wilde wurde verfolgt und viele andere auch. Ein Genie wie Edgar Allan Poe starb in Armut.

BURGIN: Tolstoi und Dostojewskij wurden aber doch schon zu Lebzeiten verehrt.

SINGER: Nein, Dostojewskij nicht. Wußten Sie, daß Dostojewskijs Verleger Katkow ihn für einen sechstklassigen Autor hielt? Vom Schreiben hat Dostojewskij nie leben können.

BURGIN: Ich dachte, daß er gegen Ende seines Lebens ...

SINGER: Erst gegen Ende seines Lebens konnte er davon leben. Und erst nach ungefähr fünfzig, sechzig, siebzig Jahren hat man ihn dann wieder entdeckt.

BURGIN: Sie sprachen einmal über Literaturpolitik und erwähnten dabei eine reizende Anekdote über Tolstoi und George Bernard Shaw. Danach mußte Tolstoi so tun, als bewunderte er Shaw ...

SINGER: Shaw schickte Tolstoi alle seine Bücher, und Tolstoi schrieb ihm daraufhin einen Brief, der eine einzige Lobeshymne war. Gleichzeitig notierte er in seinem Tagebuch, er habe Shaw gelesen und halte ihn für mittelmäßig. Tolstoi wußte, daß er selbst zu einer kleinen Minderheit gehörte und daß er immer befürchten mußte, von den Möchtegern-Talenten angegriffen zu werden. Ein so außergewöhnliches Talent wie Tolstoi kann nie in Frieden leben. Es muß sich durchs Leben stehlen und immerzu befürchten, völlig mißverstanden oder sogar vernichtet zu werden.

BURGIN: Geht es Ihnen auch so?

SINGER: Nein, ich würde mich nicht mit Tolstoi vergleichen. Aber ich glaube, daß es vielen großen Talenten zu allen Zeiten so gegangen ist. Die wußten, daß man auf dieser Welt nicht mit Anerkennung rechnen darf.

BURGIN: Mir fällt bei Ihren Werken auf, daß manche Bücher wie ›Das Landgut‹, ›Das Erbe‹ und auch ›Der Zauberer von Lublin‹ vieles mit Romanen des neunzehnten Jahrhunderts gemeinsam haben. Andererseits gibt es Werke, zu denen ich ›Der Kabbalist vom East Broadway‹, ›Leidenschaften‹ und ›Feinde, die Geschichte einer Liebe‹ zählen würde, in denen Sie eine neue Richtung einzuschlagen scheinen, und zwar nicht nur thematisch, sondern auch was die Form betrifft. Diese Bücher scheinen mir der Gegenwartsliteratur viel näher zu stehen. Hat es in Ihrem literarischen Schaffen so etwas wie eine Entwicklung oder einen Richtungswechsel gegeben?

SINGER: In diesen Sammelbänden werden Sie Geschichten finden, die ich vor zwanzig Jahren geschrieben habe, und solche, die vor zwanzig Monaten entstanden sind. Es gibt da keine chronologische Ordnung. Ich müßte mir die Mühe machen und nachsehen, wann sie im einzelnen geschrieben wurden, aber ich glaube, daß manche von meinen heutigen Geschichten denen sehr ähnlich sind, die ich vor zwanzig Jahren geschrieben habe, und umgekehrt. Ich habe nur insofern eine Entwicklung durchgemacht, als ich in den vierzig Jahren, die ich jetzt in Amerika lebe, eine neue Umgebung kennengelernt habe. Eine Geschichte über New York kann nicht genauso aussehen wie eine Geschichte über Bilgoraj. Sie ist anders, aber was den Stil betrifft, sind sich die beiden, glaube ich, doch gleich.

Ich glaube nicht, daß man in der Literatur je etwas Neues entdeckt hat. Das, was man gelegentlich dafür hielt, waren gar keine Neuerungen, weil sie die Literatur eher zurückgeworfen als vorangebracht haben. Eisenbahnzüge oder Flugzeuge zum Beispiel baut man heute nicht mehr so wie 1904 oder 1906, und seit man Düsenflugzeuge herstellen kann, baut niemand mehr Propellerflugzeuge wie vor zwanzig Jahren. In der Literatur dagegen gibt es so etwas wie einen allgemeinen Fortschritt nicht. Da legt der eine einen langen Weg zurück, und der andere bleibt auf der Stelle stehen. In der heutigen Literatur findet man Leute, die fünfhundert Jahre zurück sind, in manchen Fällen sogar fünftausend. Man kann da keine allgemeinen Aussagen machen, denn literarisches und künstlerisches Schaffen ist von den Erbanlagen abhängig, und deren Entwicklung ist uns unbekannt. Niemand kann biologische Mutationen vorhersagen.

BURGIN: Ich würde gern auf die Frage der Religion zurückkommen. Sie sagten, Sie haben von jeher an Gott geglaubt. Dennoch besitzen Sie die Fähigkeit, mit großer Lebendigkeit und Glaubwürdigkeit Menschen zu schildern, die Skeptiker sind. Zipkin, Esriel und Lucian in ›Das Erbe‹ scheinen mir typische Beispiele zu sein. Sie sind alle, wenn auch in unterschiedlichem Maß, von

Glaubenszweifeln heimgesucht. Wie ist es möglich, daß Sie sich so gut in diese Lage hineinversetzen können?

SINGER: Ich sagte Ihnen ja schon, daß es nicht möglich ist nachzuweisen, wie wir uns Gott vorzustellen haben, und deshalb bin ich fortwährend im Zweifel. Ich stelle also in diesen Personen meine eigenen Zweifel dar. Genaugenommen gehören doch Zweifel zu jeder Religion. Alle religiösen Denker waren Zweifler. Sogar die Bibel, die ja vom Glauben handelt, ist voller Zweifel. Das Buch Hiob könnte man auch als Buch der Skepsis bezeichnen.

In den Psalmen sagt der Mensch zu Gott: »Warum schläfst du, Gott? Warum wachst du nicht auf und siehst, was hier geschieht?« Liebende sind manchmal voller Mißtrauen und sogar Feindseligkeit gegenüber dem geliebten Menschen. Die Frau, die man liebt, fragt einen zehnmal am Tag: »Liebst du mich auch wirklich?« Und jedesmal muß man ihr beteuern: »Ja, ja, ja.« So ist es auch mit der Religion. Ich glaube an Gott, aber ich zweifle auch. Es gibt Augenblicke, in denen ich denke, vielleicht hatte der Atheist Feuerbach doch recht.

BURGIN: Ich weiß noch, daß Sie einmal zu mir sagten: »Wenn die Welt ein Dschungel ist, dann hat Gott es eben so gewollt.« Als wir über die »Kleinen« sprachen, die so viel Einfluß haben, da sagte ich: »Wie kann Gott so etwas zulassen?« Und sie meinten dazu: »Vielleicht ist Gott ein kleiner Gott.«

SINGER: Ich bin niemand, der Religion lehrt. Mein Glaube ist meine persönliche Sache. Zu manchen Zeiten würde ich fast die Existenz Gottes leugnen, aber es gibt auch Zeiten religiösen Glücksgefühls. Wenn ich Probleme habe, bete ich. Und da ich immerzu Probleme habe, bete ich fast andauernd.

Der Glaube ist keine einfache Sache, genausowenig wie die Liebe. Man kann eine Frau lieben und sie dennoch betrügen. In meinem Glauben an Gott ist nur eins ganz gewiß: Ich würde nie behaupten, das Universum sei durch einen Zufall entstanden. Man sollte das Wort »Zufall« aus dem Wörterbuch streichen. Im Alltag mag es eine Bedeutung haben, aber nicht in der Philosophie.

10

Eine winzige Insel – Die Grenzen der Philosophie – Experimente mit der Willensfreiheit – Ein wahrer Mann des Protests

BURGIN: Als wir über Nabokov sprachen, sagten Sie, Ihre Einstellung zu ihm sei zwiespältig, es freue Sie aber, daß auch er an das Übernatürliche glaube. Mir ist nicht ganz klar, was Sie mit dem Wort »übernatürlich« meinen.

SINGER: Ich glaube, daß das Natürliche und das Übernatürliche gar nicht zwei verschiedene Dinge sind. Ich würde zum Beispiel nicht die Schwerkraft als etwas Natürliches und die Telepathie als etwas Übernatürliches bezeichnen. Wenn es Telepathie gibt, dann darf man sie mit demselben Recht als natürlich bezeichnen wie die Schwerkraft. Dinge, von denen wir nichts wissen oder für die wir keine Beweise haben, nennen wir gern übernatürlich. So gibt es beispielsweise keinen Beweis dafür, daß wir eine Seele oder einen freien Willen haben. Dasselbe gilt für Geister und Gespenster und andere Wesen, deren Existenz wir nicht beweisen können.

Können wir denn beweisen, daß es so etwas wie die Liebe gibt? Manche Leute behaupten ja, die Liebe sei nichts anderes als fleischliche Begierde. Manche extremen Behavioristen sagen, angeborene Charakterzüge oder Eigenschaften gebe es nicht. Ihrer Meinung nach ist das alles konditioniert, abgesehen von ein paar Instinkten wie der Angst vor lauten Geräuschen oder vor dem Fallen. Nun haben aber seit Jahrtausenden Männer und Frauen geheiratet und Kinder bekommen, und die Väter haben sich Väter genannt, obwohl es keinen wissenschaftlichen Beweis dafür gab, daß sie wirklich die Väter waren, denn es gab ja Fälle, wo das nicht zutraf. Jedenfalls glauben die meisten Leute, die Frau und Kinder haben, daß sie die Väter der Kinder sind. Strindberg hat zwar ein Stück geschrieben, ›Der Vater‹, in dem er zu zeigen versucht, daß niemand sicher sein kann, der Vater seiner Kinder zu sein, aber trotzdem wissen wir, daß die Frauen, vor allem in früheren Zeiten, treu gewesen sind. Ich will damit sagen, daß das Übernatürliche nur ein Wort für Dinge ist, deren Existenz wir noch nicht beweisen können.

BURGIN: Das erinnert mich an ein Wort Joseph Conrads, der sagte, die Wirklichkeit sei so phantastisch, daß es zwischen der sogenannten übernatürlichen und der realen Welt gar keinen Unterschied gebe.

SINGER: Ja. Wir wissen ja immer noch nicht, was Magnetismus eigentlich ist und warum ein Magnet zwar einen Nagel anzieht, aber nicht ein Stück Käse. Das Atom gibt uns heute mehr Rätsel auf als vor dreitausend Jahren. Wir wissen nicht genau, was Licht ist. Wir wissen nicht, was das Leben ist. Wir sprechen von Elektronen und wissen ungefähr, welche Eigenschaften sie haben, aber wir wissen nicht, woraus sie bestehen und wie sie entstanden sind. Genaugenommen ist unser Wissen eine winzige Insel inmitten eines unendlichen Ozeans der Unwissenheit. Und selbst dieses Inselchen bleibt ein Rätsel.

BURGIN: Wenn Sie sagen, daß es das sogenannte Übernatürliche gibt, meinen Sie dann, daß Sie in Ihren Büchern darauf hinweisen wollen, wie wenig wir eigentlich wissen?

SINGER: Damit haben Sie meine Art zu denken ganz genau beschrieben. Ich versuche auf die Dinge aufmerksam zu machen, deren Existenz wir nicht beweisen können, an die manche von uns aber trotzdem noch glauben.

BURGIN: Sokrates hat gesagt: »Ich weiß, daß ich nichts weiß.«

SINGER: In diesen Dingen kann niemand originell sein, weil wir alle nichts darüber wissen. Aber Originalität ist ja nicht das einzige Merkmal eines guten Autors. Bestimmte Gefühle oder Gedanken müssen wir immer wieder aussprechen, weil wir ohne sie nicht auskommen. Wenn ein Mann in eine Frau verliebt ist und sagt: »Ich liebe dich«, dann weiß er ganz genau, daß das schon Millionen andere vor ihm gesagt haben. Aber in dem Augenblick reicht das Wort »Liebe« aus und gibt mehr oder weniger das wieder, was er fühlt. Es gibt Menschen, die von Natur aus originell sind. Sie verwenden zwar Formulierungen, die schon oft gebraucht worden sind, aber die Summe dessen, was sie sagen oder schreiben, vermittelt den Eindruck der Originalität. Es gibt aber auch Schriftsteller, die versuchen, in jedem Satz originell zu sein. Sie schreiben ihn erst dann hin, wenn irgendwas an ihm sonderbar ist – und was dann unterm Strich herauskommt, sind Banalitäten. Tolstoi war jedenfalls ein origineller Mann, auch wenn er ›Anna Karenina‹ mit einer ganz banalen Redensart anfangen läßt. Wenn man ›Anna Karenina‹ oder ›Krieg und Frieden‹ oder eins seiner anderen Werke zu Ende gelesen hat, spürt man, daß sie das Produkt eines originellen Kopfes sind. Und dann gibt es Autoren, bei denen man gleich spürt, daß an ihnen gar nichts Originelles ist. Man sieht nur das erfolglose Bemühen, in einem fort originell zu sein.

BURGIN: An welche Autoren denken Sie da zum Beispiel?

SINGER: Ich denke an verschiedene Autoren, aber ich werde keine Namen nennen.

BURGIN: Wie ist es zu Ihrem Interesse an übernatürlichen Dingen gekommen? Können Sie sagen, wo es seinen Ursprung hat?

SINGER: Ich war zeitlebens an Übernatürlichem interessiert. Schon als Kind war mir klar, daß die Welt, die wir sehen können, nicht die ganze Welt ist. Ob man sie nun Dämonen oder Engel oder sonstwie nennt – ich wußte damals so gut wie heute, daß es Wesen gibt, von denen wir keine Vorstellung haben und die doch existieren. Man kann sie Geister oder Gespenster oder Kobolde nennen. Natürlich verwende ich sie in dem, was ich schreibe, auch als Symbole. Mit ihnen kann ich vieles ausdrücken, was ich nur schwer sagen könnte, wenn ich ausschließlich über Menschen schriebe. Aber das ist nicht nur eine literarische Darstellungsweise; das hängt auch mit meinem Glauben zusammen, daß es überall in der Welt Kräfte gibt, von denen wir nichts wissen. Machen wir uns doch nichts vor: Vor ein paar hundert Jahren wußte man nichts von Mikroben oder von Elektronen oder von allem, was mit Strahlung zusammenhängt. Wer will da behaupten, inzwischen hätten wir den Gipfel der Erkenntnis erreicht?

BURGIN: Andererseits machen wir ständig neue Entdeckungen auf dem Gebiet der Mikroben oder der Elektronen – oder jedenfalls glauben wir das. Aber es gibt keine Anhaltspunkte dafür, daß wir über die Welt der Geister irgend etwas entdeckt oder dazugelernt haben. In dieser Richtung hat unser Wissen keine Fortschritte gemacht.

SINGER: Das ist nichts, worin man Fortschritte machen kann. In Fragen des menschlichen Wesens oder der Ethik gibt es auch keinen Fortschritt.

BURGIN: Aber wenn es diese Wesen wirklich gibt, warum haben wir dann noch nichts Konkretes über sie herausbekommen?

SINGER: Weil sie so beschaffen sind, daß man nichts über sie herausbekommen kann. Und der Grund dafür ist, daß wir, wenn wir etwas über sie herausbekämen, die Möglichkeit der freien Entscheidung verlieren würden. Die Entscheidungsfreiheit ist aber ein großes Geschenk Gottes, und ich glaube, es wäre sehr schlimm, wenn sie verlorenginge. Dann wäre nämlich die Geschichte der Menschheit zu Ende. Wenn wir beweisen könnten, daß es einen Gott und einen Satan gibt und daß ihnen eine Welt der Verdammnis und so weiter zugeordnet ist, dann gäbe es überhaupt keine Entscheidungsfreiheit mehr. Die Menschen hätten Angst vor diesen Mächten und würden sich dementsprechend verhalten. Die inneren Konflikte des Menschen wären damit beseitigt. Und deshalb wird es nach meiner Überzeugung nie gelingen, diese Mächte experimentell nachzuweisen. Ich stelle zwar selbst gelegentlich kleine Versuche an, um mich von diesem oder jenem zu überzeugen, aber ich weiß doch, daß schlüssige Beweise nicht möglich sein werden, solange die Menschheit so weitermacht wie bisher. Seit die Menschen anfingen, die physikalische Welt zu untersuchen, haben sie eine Entdeckung nach der anderen gemacht, und das wird vielleicht noch eine Million Jahre so weitergehen. Aber was diese anderen Dinge betrifft – die Existenz Gottes, die Vorsehung, den freien Willen und so weiter –, wird es nie irgendwelche Entdeckungen geben, die uns ein für allemal überzeugen.

BURGIN: Als wir uns vor ein paar Tagen unterhielten, hoben Sie hervor, daß Literatur in erster Linie die Aufgabe habe, unterhaltend zu sein, wobei das Niveau der Unterhaltung natürlich von dem Publikum abhänge, für das man schreibt. Ich war aber etwas überrascht von Ihrer Ansicht über die Aufgaben der Philosophie.

SINGER: Philosophie ist eine Wissenschaft, die eine Bereitschaft zu glauben voraussetzt. Es gibt da keine Beweise wie in den Naturwissenschaften. Spinoza hat keinen Beweis dafür erbracht, daß es eine Substanz mit einer unendlichen Menge von Attributen gibt. Man kann aber trotzdem sagen: »Ich glaube an das, was Spinoza sagt. Mir gefällt seine Art zu denken.« Als Schopenhauer erklärte, das Ding an sich sei der Wille, glaubte er, eine Wahrheit entdeckt zu haben. In gewissem Sinne haben es alle Philosophen mit dem Glauben an die Wahrheit zu tun.

BURGIN: Sind Sie der Meinung, daß die Philosophie vielleicht gar kein Ziel und keine wirkliche Zukunft hat, daß sie möglicherweise eines Tages zerfällt?

SINGER: Anfangs glaubten die Philosophen noch an die Macht der Logik. Dann kam die kritische Philosophie und lehrte uns, daß die Logik eine Sache der Definitionen sei und sonst nichts. Über diese Grenzen kann sie nicht hinaus.

BURGIN: Die Grenzen, wie Kant sie definiert hat.

SINGER: Nicht nur Kant, auch Locke und Hume. Kant kam erst später. Danach kam es zu einer Wiederbelebung der Metaphysik, zum Beispiel bei Hegel, der erneut den Versuch machte, mit Hilfe der Definition und Logik etwas zu erschaffen. In neuerer Zeit haben Philosophen wie Wittgenstein und andere versucht, aus der Philosophie eine rein sprachliche Disziplin zu machen. Manchmal kommt es mir wirklich so vor, als wäre die Philosophie mit ihren Kräften am Ende.

BURGIN: Vielleicht gibt es nicht mehr die entsprechenden Männer.

SINGER: Aber zu behaupten, das Ende der Philosophie sei gekommen, wäre pure Spekulation, denn wir wissen nicht, was noch vor uns liegt. Vielleicht kommt ja eines Tages ein zweiter Spinoza oder Descartes oder Leibniz. Die Menschen streben ja nach Wissen, und dieser Wissensdurst ist auch heute noch vorhanden, und deshalb können wir, glaube ich, nicht sagen, das Ende der Philosophie sei da.

BURGIN: Sie halten also nicht mehr daran fest, daß die Philosophie zumindest teilweise zu den Naturwissenschaften zählt?

SINGER: Sie gibt zwar vor, eine Naturwissenschaft zu sein, aber eigentlich ist sie ein Teil der menschlichen Natur und der Art und Weise, wie wir Menschen denken und fühlen. Sie muß Dinge wieder und wieder sagen, wie es dem menschlichen Geist entspricht.

BURGIN: Es würde mich sehr interessieren, auf welche Weise Sie philosophische Texte lesen, falls Sie das heute noch tun.

SINGER: Ich lese nur noch selten welche.

BURGIN: Gehen wir also vom letzten Mal aus, als Sie philosophische Werke lasen. Als was lasen Sie sie? Als Beispiele kurioser Literatur?

SINGER: Mir ist inzwischen klargeworden, daß nichts von dem, was Philosophen einmal gesagt haben und was sie heute sagen, und wohl auch nichts von dem, was sie noch sagen werden, jemals dieselbe Beweiskraft haben kann wie eine Aussage in der Physik oder Chemie. Damit müssen wir uns abfinden. Der Versuch der Menschen, die absolute Wahrheit zu finden, ist gescheitert.

BURGIN: Aber ist es nicht interessant, die Zeugnisse dieses Scheiterns zu lesen?

SINGER: Doch, und man wird den Versuch immer wieder machen und immer wieder dabei scheitern. Dieser Mangel steckt von vornherein in der Disziplin selbst.

BURGIN: Würden Sie auch sagen, daß es von allen Philosophen Kant am ehesten gelungen ist, seine Erkenntniskategorien empirisch zu begründen, wenn er sagt, daß wir Raum und Zeit entsprechend der Beschaffenheit unseres Verstandes wahrnehmen? Das scheint kaum widerlegbar.

SINGER: Salomon Maimon und die Neukantianer haben sogar gezeigt, daß auch das Dasein nur ein Konstrukt des Denkens ist. Wir können nicht mehr sagen, es gebe tatsächlich ein Ding an sich, denn möglicherweise ist auch das Dasein nur eine Form des Denkens und nicht des Seins. Es ist gut, daß uns alle diese Philosophen schließlich zu der Einsicht gebracht haben, daß die »Wirklichkeit« nur von unserem Standpunkt aus wirklich ist, das heißt von unseren Sinnen, unserem Bewußtsein her betrachtet. Sie haben viele Illusionen zerstört, aber sie haben nie etwas Positives geschaffen. Spinoza hat versucht, uns etwas Positives zu geben, und am Ende war es nichts als eine willkürliche Setzung. Seine Substanz mit ihren unendlich vielen Eigenschaften ist nichts als ein Spiel mit Worten. Wir wüßten einfach nicht, was ein Stück Holz ist, wenn man dem Menschen seine Wahrnehmungsfähigkeit nähme. Wir sind Gefangene unserer Sinne und unseres Denkens, und zwar lebenslängliche Gefangene, und damit müssen wir uns abfinden. Wir müssen uns mit den Dingen innerhalb dieses »Gefängnisses« befassen, wie Plotin und Philon den Körper und die Sinne genannt haben.

BURGIN: Wie vereinbaren Sie das mit Ihrem Glauben an den freien Willen?

SINGER: Ich kann natürlich nicht beweisen, daß es ihn gibt, aber ich finde es besser anzunehmen, daß es eine Wahlfreiheit gibt. Auf meine Weise habe ich sogar schon Experimente mit der Willensfreiheit angestellt. Manchmal will ich mich davon überzeugen, wie frei ich eigentlich bin. Kann ich einen Entschluß fassen und mich dann daran halten oder nicht? Denn mein Leben lang habe ich, weiß Gott, Tausende von Entschlüssen gefaßt, denen ich dann zuwidergehandelt habe.

BURGIN: Wie meinen Sie das?

SINGER: Zum Beispiel habe ich mir vorgenommen, um acht Uhr aufzustehen, und statt dessen bin ich dann um zehn aufgestanden. Als ich noch in Warschau war, habe ich mir beinahe täglich vorgenommen, nicht in den Schriftstellerklub zu gehen und meine Zeit mit Klatschgeschichten zu vergeuden, und gleich darauf bin ich doch hingegangen und habe meine Zeit mit dummem Gerede vertan. Selbst jetzt, als alter Mann, versuche ich immer wieder, mich an meine Vorsätze zu halten, und ich gebe die Hoffnung nicht auf, daß es mir eines Tages gelingen wird. Hoffnung und die Idee der Willensfreiheit sind etwas, was man nicht ganz aufgeben kann.

Seit ich erwachsen bin, habe ich wahrhaftig schon viel Zeit vergeudet, aber irgendwie ist es mir gelungen, auch ein wenig zu arbeiten. Ich würde sagen, daß Zeitvergeuden meine zweitgrößte Leidenschaft und die Reue über diese Zeitvergeudung mein drittgrößtes Leiden ist. In meinen Augen beweist diese Reue aber, daß ich wirklich an die Entscheidungsfreiheit glaube.

BURGIN: Gibt es nicht Bereiche des Lebens, in denen man eher seinen natürlichen Trieben gehorcht und eigentlich gar keine bewußte Entscheidung trifft?

SINGER: Um mein Frühstück zu essen, brauche ich keine Entscheidung zu fällen. Wenn ich von Entscheidungen spreche, meine ich solche, die meinen Impulsen entgegenlaufen. Die Zehn Gebote sind Gebote gegen die Natur des Menschen. Viele Menschen würden gerne stehlen, wenn sie dafür nicht bestraft würden. Es liegt auch in ihrer Natur, Ehebruch zu begehen, wenn das gefahrlos möglich wäre. Aber da kam Moses und sagte, wenn die Menschen überleben wollen, müssen sie sich an bestimmte Regeln halten, auch wenn das noch so schwierig ist. Wir sind, glaube ich, bis zum heutigen Tag noch nicht davon überzeugt, daß man solche Entschlüsse fassen und sich daran halten kann. Und wenn wir Entschlüsse fassen, können wir sie nur halten, wenn wir es im Kollektiv tun. Wenn Menschen so zusammenleben wie die Juden in den Gettos, dann halten sie sich an ihre Entschlüsse. Und warum? Weil einer auf den andern aufpaßt. Wenn ein Jude, der in so einem Kollektiv lebte, Ehebruch begehen wollte, dann gab es in dem engen Getto etliche andere, die das herausbekommen und ein großes Geschrei gemacht hätten, um das zu verhindern. Es gibt da die Geschichte von Tolstoi, der, als er schon ein alter Mann war, plötzlich in Leidenschaft zu einer jungen Bäuerin entbrannte und daraufhin zu einem Freund ging und sagte: »Tu mir bitte einen Gefallen und paß auf mich auf.« Das bedeutet, daß er selbst nicht genug Willensfreiheit besaß, um auf sich aufzupassen. Für diese Art von Problemen interessiere ich mich sehr.

BURGIN: Sie sagten vorhin, oft hätten Sie das Gefühl, Ihre Zeit zu verschwenden. Unter welchen Umständen würden Sie sagen, daß Sie Ihre Zeit *nicht* verschwendet haben?

SINGER: Wenn ich von Zeitverschwendung spreche, dann meine ich das nicht in einem philosophischen, sondern in einem praktischen Sinn. Wenn ich morgens aufstehe, drei oder vier Stunden arbeite und dabei etwas zustande bringe, zum Beispiel eine Geschichte schreibe, die ich später verkaufen kann oder die mir Freude macht, wenn sie veröffentlicht ist – ich nehme an, daß ich dann meine Zeit nicht verschwendet habe. Aber wenn ich morgens aufstehe und dann die Zeitung vom Vortag lese oder stundenlang aus dem Fenster sehe oder ein langes, nutzloses Telefongespräch führe, dann ist das Zeitverschwendung. So etwas ist natürlich relativ, aber ich spreche ja jetzt nicht vom philosophischen Standpunkt aus. Ich möchte eigentlich wie jeder andere Schriftsteller meine Arbeit gut machen, schreiben und das Geschriebene überarbeiten, aber wenn ich dann meine Arbeit vernachlässige, habe ich das Gefühl, meinem Vorsatz zuwidergehandelt zu haben. Das ist der Grund, weshalb wir alle ein schlechtes Gewissen haben, wenn wir uns nicht an unsere Vorsätze halten. Schon der Ausdruck »schlechtes Gewissen« weist ja darauf hin, daß wir so etwas wie einen freien Willen annehmen, denn wenn wir uns nicht frei entscheiden könnten, brauchten wir auch nie ein schlechtes Gewissen zu haben.

BURGIN: Haben Sie manchmal das Gefühl, daß vielleicht alles Zeitverschwendung ist? Und wenn ja, warum ist Ihnen dann das Schreiben, das ja nach Ihrer Auffassung nur den Zweck hat, die Menschen zu unterhalten, wichtiger als Ihre eigene Unterhaltung oder die Unterhaltung von Schriftstellerkollegen in einem Klub?

SINGER: Nun, es hat einfach einen pragmatischen Wert.

BURGIN: Wir haben nun schon ziemlich viel über Philosophie gesprochen, aber ich möchte Ihnen noch eine letzte Frage aus diesem Bereich stellen. Welchen Nutzen – falls es einen gibt – kann ein Schriftsteller aus der Beschäftigung mit der Philosophie ziehen?

SINGER: Wenn ein Romanautor an Philosophie kein Interesse hat, sehe ich keinen Grund, weshalb er philosophische Bücher lesen sollte. Aber der Umstand, daß jemand sich nie, auch nicht als junger Mensch, für Philosophie interessiert hat, zeigt, daß er in gewisser Hinsicht klein ist. Eine größere Persönlichkeit hat Interesse an den ewigen Fragen, wie man sie nennt: Wer bin ich? Ist die Wirklichkeit das, was wir sehen? Ist es möglich, an die *wahre* Wirklichkeit heranzukommen? Wenn jemand nur deshalb ein philosophisches Buch zur Hand nimmt, weil er meint, als Schriftsteller sollte man Philosophiekenntnisse besitzen, dann würde ich ihm davon abraten, es zu lesen. Wenn aber jemand ein wirklicher Schriftsteller und ein denkender Mensch ist, dann wird er von sich aus manches wissen wollen. Nach einer Weile ist er dann vielleicht von der Philosophie enttäuscht. Er wird sagen: »Jetzt habe ich genug davon« und von den Abstraktionen in die Welt der sinnlichen Wahrnehmung zurückkehren.

BURGIN: Inwiefern kann ein Romanautor von Ideen Gebrauch machen? Dostojewskij zum Beispiel hat philosophische Ideen dramatisiert. Welchen Gebrauch haben Sie davon gemacht?

SINGER: Ich würde sagen, wenn jemand sie für seine Geschichten benötigt, wenn er zu den Schriftstellern gehört, die gern über Ideen schreiben, dann gibt es für ihn tausenderlei Möglichkeiten, sie zu verwenden.

BURGIN: Wie haben Sie selbst Ideen verwendet?

SINGER: Da ich häufig Menschen schildere, die mir ähnlich sind, und da es mich interessiert, wie die Menschen denken, lasse ich meine Figuren sich mit den ewigen Fragen auseinandersetzen. Ich könnte nie eine Person zur Hauptfigur eines Romans machen, die sich nicht um diese Fragen kümmerte. Anders gesagt, ich beziehe die Philosophie mit ein, aber ich verfolge damit kein bestimmtes Ziel. Alle Autoren, die glaubten, endgültige Antworten gefunden zu haben, mußten früher oder später sich und anderen eingestehen, daß sie sich geirrt hatten. Zu meiner Zeit war Tolstoi ein Beispiel par excellence. Es steht außer Frage, daß er als ein enttäuschter Mann starb, und seine Verbitterung wäre noch größer gewesen, wenn er die bolschewistische Revolution miterlebt hätte. Dennoch bewundere ich ihn sehr, seine leidenschaftliche Auseinandersetzung mit Gott und mit der menschlichen Natur.

Ich selbst habe, glaube ich, mit der menschlichen Blindheit und mit dem anhaltenden Schweigen Gottes meinen

Frieden gemacht, obwohl ich mich immer wieder darüber empöre. Ich hege einen tiefen Groll gegen den Allmächtigen. Mein Glaube geht Hand in Hand mit einem starken Gefühl des Aufbegehrens. Von Zeit zu Zeit erwacht in mir die alte jüdische Hoffnung auf das Erscheinen des Messias. Einmal muß doch die Zeit der Offenbarung kommen! Wie lange sollen wir noch warten? Meine Glaubenshaltung ist eine rebellische. Ich spiele sogar mit dem Gedanken, für mich privat eine Religion des Protests zu schaffen. Oft kommt es mir so vor, als sei es geradezu Gottes Wille, daß wir protestieren. Er hat genug von denen, die Ihn immerzu preisen und Ihm für Seine Grausamkeit gegen Mensch und Tier auch noch danken.

Ich habe mal eine Schrift mit dem Titel ›Rebellion und Gebet oder Über den wahren Protest‹ verfaßt. Sie ist jiddisch geschrieben und nie übersetzt worden. Sie entstand zur Zeit des Holocaust, ein bitteres kleines Buch, das ich wohl nie veröffentlichen werde. Ja, es gibt vieles, was mich quält, aber ich kann auch fröhlich sein, wenn es mir eine Zeitlang gelingt zu vergessen, in was für einer schlimmen Lage wir uns befinden. Ich mag mich in vieler Hinsicht irren oder in Widersprüche verstricken, aber ich bin ein wahrer Mann des Protests. Am liebsten würde ich vor dem Allmächtigen mit einem Transparent demonstrieren, auf dem steht: »Unfair gegenüber dem Leben.«

11

Singers Geschichten – Die Erzählerin – Rationalisten und Gläubige – Mystischer Realismus – Jede Geschichte hat ihre eigenen Probleme – Künstler und Wissenschaftler

BURGIN: Ich habe einige Fragen, die Ihre Kurzgeschichten betreffen. Im Unterschied zu den meisten männlichen Autoren haben Sie in Ihren Geschichten häufig Erzähler*innen. Fühlen* Sie auch anders, wenn Sie eine weibliche Erzählfigur schaffen?

SINGER: Ich bediene mich weiblicher Erzähler, weil unter den jiddisch sprechenden Menschen Geschichten entweder von den Chassidim oder von den alten Frauen erzählt wurden. Sie saßen da vor ihren Haustüren und erzählten, und da sie von keinen besonderen Zweifeln verunsichert wurden, trugen sie das, was sie zu sagen hatten, auf ihre Weise vor, und manchmal war das sehr anschaulich und bemerkenswert. Meistens lasse ich einen Chassid oder eine alte Frau einen Monolog sprechen. Aber natürlich verwende ich in meinen Geschichten auch Monologe von Leuten, die kommen, um sich »Rat« bei mir zu holen. Ich lasse lieber Leute ihre Geschichten auf ihre Weise erzählen, als daß ich mich hinsetze und ihre Geschichten mit meiner Stimme erzähle. Es ist bequemer, aber auch ergiebiger, Leute ihre Geschichten selbst erzählen zu lassen.

BURGIN: Glauben Sie, daß in jedem Mann ein weiblicher Anteil ist und ein männlicher Anteil in jeder Frau?

SINGER: Ja, ganz zweifellos ist ein Mann nie zu hundert Prozent männlich und eine Frau zu hundert Prozent weiblich. Beide haben vieles gemeinsam. Natürlich sind Männer und Frauen sehr verschieden voneinander, aber sie sind sich auch sehr ähnlich.

BURGIN: Manche Leute finden es gar nicht so leicht, genau anzugeben, worin diese Unterschiede eigentlich bestehen, von den biologischen einmal abgesehen. Worin unterscheiden sie sich denn?

SINGER: Es sind hauptsächlich biologische Unterschiede, aber auch psychologische. Frauen sind nicht so große Zweifler. Sie haben es nicht so nötig zu sagen: »Cogito ergo sum«, sie wissen einfach, daß sie existieren. Das ist auch ein Grund, weshalb so viele Geschichtenerzähler in meinen Kurzgeschichten alte Frauen sind. Und viele von ihnen glauben an das Übernatürliche. Sie halten das nicht für reine Phantasieprodukte. Vom literarischen Standpunkt her betrachtet ist es sehr gut, sie reden zu lassen. Ich würde sagen, daß ich die meisten meiner Geschichten selbst erzähle, aber ein wesentlicher Teil davon sind Monologe imaginärer Frauen. Sie geben der Geschichte mehr Glaubwürdigkeit.

BURGIN: Sie haben immer wieder betont, daß Sie sich für das, was Sie schreiben, Vorbilder im wirklichen Leben suchen.

SINGER: Das tue ich immer.

BURGIN: Worauf basieren die Geschichten, die in Armenhäusern spielen? Woher hatten Sie das Vorbild für diese Geschichten?

SINGER: Es gab ein Armenhaus in der Stadt Bilgoraj, wo mein Großvater lebte.

BURGIN: Aber wie kommt es, daß Sie in diesem Armenhaus waren?

SINGER: Ich bin gerne hingegangen, um zuzuhören, wenn Leute Geschichten erzählten, und manchmal kamen auch Bettler und übernachteten im Lehrhaus, und sie haben ebenfalls Geschichten erzählt. In diesen polnischen Städten gehörte das Geschichtenerzählen zum Alltag, denn die Leute lasen ja keine Zeitung, und Bücher lasen in den Kleinstädten nur wenige. Das Geschichtenerzählen war ihre Form der Literatur, ihr Theater, ihr Kino, ihr Fernsehen. Geschichten sind ja erzählt worden, seit der Mensch das wurde, was er heute ist, seit er die Sprache hatte.

BURGIN: In Ihren Geschichten haben Sie oft die Gegensätze im Menschen hervorgehoben und die Konflikte, die daraus entstehen können. Eine dieser widersprüchlichen Figuren, die mich besonders beeindruckt hat, ist die des Dr. Beeber aus der gleichnamigen Geschichte. Wie würden Sie die Konflikte beschreiben, denen er ausgesetzt ist?

SINGER: Ich kann mich gar nicht erinnern, daß er irgendwelchen Konflikten ausgesetzt ist. Soviel ich weiß, ist er hinter den Frauen her ...

BURGIN: Ja, aber er hat auch noch andere Wünsche, die dann zu einem Konflikt führen. Er möchte ein bestimmtes Leben führen, er möchte Geld haben, und um sich diese Wünsche erfüllen zu können, heiratet er. Er scheint auch glücklich zu sein, aber dann zerstört er alles in einer einzigen Nacht.

SINGER: Es ist viel Wahres dran, wenn man sagt, daß der Mensch das, was er liebt, vernichtet. Er vernichtet nicht nur seine Liebe, sondern oft auch das, was er im Geschäft oder Beruf erreicht hat.

BURGIN: Wenn ich es richtig sehe, haben Sie dieses Thema oft behandelt.

SINGER: Das tun doch alle Schriftsteller.

BURGIN: In Ihrer Erzählung ›Zerrbild‹ sagt Dr. Margolis an einer Stelle: »Das Alter ist nur eine Parodie der Jugend.« Könnten Sie das etwas näher erläutern?

SINGER: Nein, da gibt es nichts zu erläutern. Ich finde, es paßt zu ihm, daß er das sagt.

BURGIN: Sie meinen also nicht, daß seine Worte Allgemeingeltung haben?

SINGER: Nein, sie haben keine Allgemeingeltung. Es paßt zu ihm, daß er das in dieser besonderen Situation sagt. Ich lege es nicht darauf an, allem, was meine Figuren sagen, die Bedeutung Newtonscher Gesetze zu geben, die überall auf der Erde und im Kosmos Gültigkeit haben. Was sie sagen, hat in dem jeweiligen Zusammenhang Gültigkeit. Nehmen wir einen Mann, der Krach mit seiner Frau hat und sagt: »Alle Frauen sind schrecklich!« Das heißt doch nicht, daß tatsächlich alle Frauen schrecklich sind. Er sagt das eben, während er sich mit seiner Frau streitet. Wenn er sich wieder mit ihr versöhnt, sagt er vielleicht etwas ganz anderes, zum Beispiel: »Ich liebe die Frauen.« Es stimmt zwar, daß die Kritiker in allem, was ein Autor seine Helden sagen läßt, eine generelle Wahrheit entdecken möchten, der sie am liebsten ewige Geltung geben würden, aber das ist ein großer Irrtum.

BURGIN: ›The Shadow of a Crib‹ gehört zu den wenigen Ihrer Geschichten, in denen die Hauptfigur kein Jude ist. Aus welchem Grund haben Sie sich für den Christen Jarzecky entschieden?

SINGER: Warum nicht? Ich kenne doch auch Polen.

BURGIN: Aber Sie schreiben sehr selten über Nicht-Juden. Hätten Sie ihn nicht als einen Ihrer abtrünnigen oder ungläubigen Juden darstellen können?

SINGER: Nein, diese Geschichte mußte unter Christen spielen. Juden haben sich zur damaligen Zeit nicht auf diese Weise verliebt, und sie haben auch keine Bälle veranstaltet. Das alles konnte nur russisch oder polnisch sein.

BURGIN: Fühlen Sie sich weniger sicher, wenn Sie eine nichtjüdische Person schildern?

SINGER: Nein, ganz und gar nicht. Vor kurzem habe ich meine Romane ›Das Landgut‹ und ›Das Erbe‹ ins Polnische übersetzt, und man liest sie dort jetzt sehr gern. Es kommen darin auch Polen vor. Wenn ich diese Polen falsch dargestellt hätte, würden mich die Kritiker dort in Stücke reißen, aber anscheinend gefallen sie ihnen. Ich kenne ja nicht nur Juden, sondern auch Polen und Russen. Ich könnte sogar über Amerikaner schreiben, wenn sie nicht Englisch sprächen. Aber da ich jiddisch schreibe, halte ich es nicht für gut, sie in einer übersetzten Sprache reden zu lassen. Ich lebe in diesem Land aber schon länger, als ich in Polen gelebt habe, und ich hatte hier Freundinnen und auch Freunde, mit denen ich Englisch sprach.

Ich will nicht behaupten, daß ich die Amerikaner besser kenne, als es, sagen wir, Jack London getan hat, aber die Amerikaner, die ich kenne, kenne ich wirklich gut.

Burgin: Ich würde gern auf einige der Themen und Querverbindungen Ihrer Erzählung ›The Séance‹ eingehen. Die Hauptfigur dieser Geschichte, Kalischer, ist ein enttäuschter Rationalist, ein Skeptiker, der mit einer angeblichen Mystikerin, Mrs. Kopitzky, befreundet ist. Sie machen sich in gewisser Weise über sie lustig, und doch ist sie am Ende so etwas wie seine Retterin, so daß wir ihre letzten Worte über das Leben und die Liebe auch ein wenig ernst nehmen. Erinnern Sie sich noch, welche Einstellung Sie seinerzeit gegenüber diesen Figuren hatten und was Sie allgemein mit dieser Erzählung ausdrücken wollten?

Singer: Ich habe versucht, den Konflikt zwischen einer Gläubigen und einem Rationalisten darzustellen. Er ist ein Rationalist und hat deshalb Zweifel an allem Übernatürlichen oder glaubt gar nicht daran. Als Rationalist weiß er genau, daß sie eine Schwindlerin ist, aber so gescheit er auf seine Weise auch sein mag, so versteht er die Gläubige doch ganz und gar nicht. Ein Rationalist wie Kalischer glaubt an nichts, und darum kann er diese Frau nicht verstehen. Vom Standpunkt der Vernunft aus gesehen mag sie ja schwindeln, aber vom Standpunkt des Glaubens aus sagt sie vielleicht die Wahrheit. Anders gesagt, wenn ein Gläubiger behauptet, er habe eine Erscheinung gehabt, dann lügt er. Er hat keine Erscheinung gehabt, aber an dieser »Erscheinung« kann etwas Wahres sein, das der Rationalist leugnen wird, da er zu der Welt des Gläubigen keinen Zugang hat.

Burgin: Ebenfalls in ›The Séance‹ geschieht es, daß sich Kalischer im Zustand tiefster Verzweiflung die Hosen naß macht. Mir ist aufgefallen, daß Sie dieses Bild mehrmals in Ihren Geschichten verwenden. In ›Something Is There‹ zum Beispiel muß der Rabbi dringend Wasser lassen, aber er kann es nicht. Geht es da um eine Verbindung zwischen Körper und Geist und darum, daß der Körper seine Dienste versagt, wenn der Geist nicht mehr funktioniert?

SINGER: Ja. Ich fühle instinktiv, daß der Geist eng mit dem Körper verbunden ist, und zwar enger, als sich wissenschaftlich nachweisen läßt. Wenn ein Mensch resigniert, dann resignieren auch sein Körper, sein Herz, sein Magen, seine Geschlechtsorgane.

BURGIN: Diese Erzählung endet auch wie einige andere Ihrer Geschichten, nämlich damit, daß eine Frau einem kranken Intellektuellen zu Hilfe kommt, der ohne sie möglicherweise gestorben wäre. Ist das etwas, was Sie auch in der Geschichte ›Nachbarn‹ ausdrücken wollten? Ich meine den Gedanken, daß Menschen einander brauchen, auch wenn sie in ihrem Wesen und ihren Ansichten ganz verschieden sind?

SINGER: Ja. Sie kommen zusammen, um einander zu helfen. Genaugenommen ist sie es, die ihm hilft. Ich glaube, sie sitzt in einem Wagen, und er zieht ihn. Sie stellen so einen Ausgleich her zwischen Instinkt und Verstand.

BURGIN: Sollen der Titel und der Tenor der Geschichte den Gedanken betonen, daß scheinbare Gegensätze eigentlich Nachbarn im menschlichen Herzen sind?

SINGER: Ich will es einmal so sagen: Wenn ich etwas schreibe, dann nehme ich mir nicht vor, irgend etwas Bestimmtes auszudrücken. Ich weiß gar nicht, was ich am Ende ausdrücken werde. Ich überlasse es der Geschichte, ihre Wirkung zu tun. Die Fragen, die Sie stellen, sind die Fragen eines Rationalisten: »Was ist Ihre Absicht? Was haben Sie damit sagen wollen?« Selbstverständlich habe ich eine Absicht, nämlich die, eine Geschichte zu schreiben. Aber bevor ich ans Schreiben gehe, sage ich mir doch nicht: »Diese Geschichte soll die und die Lehre verkünden.« Wenn ich das täte, dann käme nie etwas dabei heraus. Ich lasse eine Geschichte ihren eigenen Weg gehen und zu ihrem eigenen Ergebnis kommen. Ich habe zwar einen gewissen Einfluß auf sie, aber ich gehe nicht nach einem bestimmten Plan vor. Und auch wenn die Geschichte fertig ist, bin ich nie ganz sicher, was ich da fertiggebracht habe und wie es zu verstehen ist. Es ist so, wie wenn man ein Kind erwartet. Man weiß nie, ob es ein Junge oder ein Mädchen wird, und ob das Kind einmal heiraten und einem Enkel bescheren wird, oder was es sonst tut. Wenn man die Genesis liest, dann erzählt sie einem die Geschichte von Adam, Eva und der Schlange. Könnte man nun fragen: »Was willst du damit ausdrükken?«, dann bekäme man wahrscheinlich zu hören: »So habe ich das geträumt« oder »So ist mir das offenbart worden«. Die Antwort wäre sicher keine rationalistische oder logische Antwort, und zwar deshalb, weil dem, der das schrieb, selbst gar nicht klar war, worum es da geht. Tatsächlich geht es in dieser Geschichte darum, daß kein Wesen außer dem Menschen sich schämt, sich selbst kritisiert, sich zu verleugnen versucht, sich seiner Nacktheit schämt. Können Sie sich einen Hund oder eine Kuh oder einen Vogel vorstellen, der sich seiner Nacktheit schämt? Sie schämen sich nicht, weil sie im Einklang mit der Natur und ihrem Schöpfer leben, was beim Menschen nicht der Fall ist. Aber der Mensch, der das schrieb, hätte das nicht alles so sagen können. Er hat nur das geschrieben, was nun da steht, und die wenigen Zeilen enthalten tiefe Gedanken, die wir noch gar nicht entdeckt haben oder erst noch entdecken müssen.

BURGIN: Aber Ihr Schreiben ist doch kein automatisches Schreiben. Sie müssen letzten Endes die verschiedensten ästhetischen Entscheidungen treffen.

SINGER: Ich steuere mein Schreiben, aber das geschieht nicht in der Weise, daß zuerst die Zielsetzung kommt und danach erst die eigentliche Arbeit. Im Grunde gehören Arbeit und Zielsetzung zusammen.

BURGIN: In der Kurzgeschichte ›The Letter Writer‹ zum Beispiel mußten Sie eine Entscheidung treffen, als Rose Beechem zu Herman geht. Sie erwähnen dort nämlich, daß sie die Berührung mit dem Löschpapier vermeidet, so als habe sie durch Telepathie von Hermans mystischem Erlebnis erfahren. Ist es nicht so, daß Sie, indem Sie sich für diese Darstellung entscheiden, zugleich eine bestimmte Einstellung nahelegen? Sie sagen damit doch, daß es für ein solches Erlebnis eine objektive Basis geben und daß es wirklich stattgefunden haben könnte.

SINGER: Ja, ich denke, die Sache ist in gewisser Weise zweideutig. Für die Geschichte kann es eine logische und gleichzeitig auch eine mystische Erklärung geben.

BURGIN: Eine andere Geschichte, in der Sie meines Erachtens ebenso verfahren, ist ›The Cafeteria‹.

SINGER: Alles, was ich geschrieben habe, ist zweideutig. Diese Zweideutigkeit rührt daher, daß ich für Menschen unserer Zeit schreibe, die ja Rationalisten sind und denen ich deshalb weder sagen kann, das sei die reine Wahrheit, noch sagen möchte, das sei eine glatte Lüge. Ich richte es deshalb so ein, daß die Sache auf zweifache Weise erklärt werden kann.

BURGIN: In ›The Cafeteria‹ gibt es eine psychologische Erklärung dafür, weshalb Esther die Toten sieht.

SINGER: Es gibt einen psychologischen Grund, aber zugleich lasse ich den Mann, der die Geschichte gehört hat, annehmen, daß sie möglicherweise wirklich etwas gesehen hat.

BURGIN: Er sieht sie in Begleitung von jemandem, der durchaus tot sein könnte.

SINGER: Ganz recht. Mit anderen Worten, die Geschichte muß auf zwei Ebenen stimmig sein. Nur ganz wenige Autoren, die über mystische Dinge schreiben, machen das so. Meistens stehen sie entweder ganz auf der Seite der Mystik oder ganz auf der Seite des Rationalismus. Aber einer hat das nicht getan, und wissen Sie, wer? Edgar Allan Poe. Für Poes Geschichten gibt es immer eine rationale Erklärung, wenn man sich sagt: »Naja, der Mann war eben besessen, verrückt, er hat sich das alles nur eingebildet.« Man hat aber, wenn man sie liest, zugleich das Gefühl, daß doch etwas Wahres dran ist oder sein könnte.

BURGIN: Es wundert mich, daß sein blumiger Stil Sie nicht stört.

SINGER: Er hat sicher nicht den Stil eines Realisten. Wenn er eine Geschichte erzählt, ist es, als ob er einem sagte: »Entweder glaubst du mir, oder du läßt es bleiben.« Ich dagegen bemühe mich, meine Geschichten realistisch erscheinen zu lassen. Ich versuche alles so darzustellen, wie es sich abgespielt hätte, wenn es wirklich passiert wäre. Mit anderen Worten, es handelt sich um eine Art von mystischem Realismus.

BURGIN: Sie nehmen in Ihren Geschichten nur selten Bezug auf die Zeitgeschichte.

SINGER: Fast nie.

BURGIN: Manchmal tun Sie es aber doch, und ich wüßte gern, wieviel von der Erzählung dann auf Tatsachen beruht. Ich denke da an die Anspielung auf Einstein in ›The Joke‹. Gab es wirklich einen Dr. Walden, der mit Einstein befreundet war? Und ist Einstein wirklich zu seiner Beerdigung gegangen? Wieviel von dieser Geschichte beruht auf tatsächlichen Begebenheiten aus Ihrem Leben?

SINGER: Einiges davon beruht auf Tatsachen. Ich kannte mal einen Mann – vielleicht lebt er heute noch –, der mit einem nicht ganz unbedeutenden Vertreter des russischen Geisteslebens in Briefwechsel stand. Er wollte gern von sogenannten Berühmtheiten Briefe erhalten, und er überlegte sich, wenn er sich einen alten Mann aussuchte und ihm die Briefe eines verliebten jungen Mädchens schriebe, werde er sicher Antwort erhalten. So machte er es dann auch, und er ging dabei ganz konsequent vor. Der Grund, weshalb er von diesen Berühmtheiten Briefe erhalten wollte, war für sich genommen natürlich nicht besonders logisch und plausibel. Aber nachdem er sich das einmal in den Kopf gesetzt hatte, pflegte er den Briefwechsel ganz systematisch. Aus diesen Kleinigkeiten, die mir der Mann erzählte, entstand dann meine Geschichte. Da geht es auch um einen Mann, der klug und berühmt ist und der dennoch von dem Briefeschreiber hinters Licht geführt wird. Und dann kommt Einstein, der gewissermaßen ein Symbol des Rationalismus ist, sogar zu seiner Beerdigung.

BURGIN: Ist dieser Teil der Geschichte reine Erfindung?

SINGER: Es hätte sich zutragen können. Es wäre möglich gewesen, daß sie einander gekannt hätten, da beide aus Berlin kamen, und er hätte auf der Beerdigung sein *können*.

BURGIN: Ab und zu kommen in Ihren Geschichten Mitglieder Ihrer Familie vor. Darf man annehmen, daß diese Episoden Ihrer Biographie entnommen sind?

SINGER: Wo es um meine Familie geht, brauche ich nichts zu erfinden.

BURGIN: Heißt das, daß für Sie andere »Regeln« gelten, wenn Sie in Ihren Erzählungen Familienmitglieder auftreten lassen? Beispielsweise zitieren Sie in ›Three Encounters‹ mehrmals Ihre Mutter. Darf man daraus schließen, daß diese Dialoge wirklich stattgefunden haben?

SINGER: Sie sind wahrheitsgemäß. Ich weiß genau, was meine Mutter in diesen Situationen gesagt hätte. Meine Darstellung ist also realistisch. Wenn meine Mutter tatsächlich dort gewesen wäre, hätte sie sich ganz genauso ausgedrückt. Mit anderen Worten, auch wenn ich eine ganz und gar übernatürliche Geschichte schreibe, mache ich sie so realistisch wie nur möglich. Dadurch wird das Mystische der Geschichte nur um so wirkungsvoller, denn auch eine mystische Geschichte sollte realistisch sein. In der Bibel heißt es zum Beispiel, als Moses den brennenden Dornbusch sah, habe er gewußt, daß Gott mit ihm sprechen wolle. Das ist ein sehr schönes Beispiel, denn was Moses da sah, war ganz realistisch ein Busch, der brannte. Er sah einen Busch, und er sah Flammen. Wenn ich aber von einem Mann lesen würde, der einen brennenden Busch sieht, dessen Flammen seitwärts statt nach oben lodern, dann wäre dadurch die Realität der

Flammen für mich zerstört, und die Mystik der Geschichte wäre gestört. Je wirkungsvoller der Realismus einer Geschichte ist, desto wirkungsvoller ist auch ihre Mystik.

BURGIN: Ich würde gerne erfahren, wie es dazu kam, daß Sie die Erzählung ›Powers‹ schrieben. Mir scheint, daß diese Geschichte einen Bezug zu Ihren frühen Jahren als Journalist hat, und ich wüßte nun gerne, ob Sie so einen Mann tatsächlich gekannt haben, oder ob diese Geschichte eine reine Erfindung ist.

SINGER: Man hat mir viele Geschichten erzählt, aber keine, die genauso war wie diese.

BURGIN: Es ist also eine Mischung aus Tatsachen und Erfindung?

SINGER: Ja, alle Geschichten sind so eine Mischung. Ich gehe natürlich von meinen eigenen Gedanken, meinen eigenen Gefühlen aus, aber ich versuche sie so darzustellen, daß das Ganze wirkt, als habe sich das alles wirklich ereignet, so daß Sie mich nun fragen können: »Ist das wirklich so gewesen?« Wenn ich das anders geschrieben hätte, würden Sie mir diese Frage gar nicht erst stellen. Sie wüßten dann schon aus der Lektüre, daß sich das so gar nicht abgespielt haben kann.

BURGIN: Einige Ihrer Erzählungen haben ja gar nichts mit übernatürlichen Dingen zu tun. Haben Sie den Eindruck, daß Ihre Phantasie unterschiedlich arbeitet, je nachdem, um welche Probleme es in den Geschichten geht?

SINGER: Jede Geschichte hat doch ihre eigenen Probleme. Man schreibt Geschichten ja nicht nach einem bestimmten Rezept oder einem vorgegebenen Plan. Die Erzählung ›Die kleinen Schuhmacher‹ ist anders aufgebaut als ›Gimpel der Narr‹, denn ›Die kleinen Schuhmacher‹ ist eine realistische Erzählung – nicht ganz und gar realistisch, aber fast. Der alte Schuhmacher hätte tatsächlich nach Amerika kommen können. Und so geht es mit jeder Geschichte. Jedesmal steht der Autor vor einer neuen

Situation, und jedesmal arbeitet er anders. Das gilt auch für die Beziehung zwischen Menschen. Wenn man zum Beispiel ein Mädchen kennenlernt, hat man ein Gespür dafür, wie man mit ihr reden muß. Mit dem einen Mädchen wird man anders reden als mit einem anderen.

BURGIN: Sie sehen da also eine Ähnlichkeit mit der Art und Weise, wie Sie an unterschiedliche Geschichten herangehen?

SINGER: Ja. Mit dem einen Mädchen wird man sich ganz lässig unterhalten, aber wenn man das Gefühl hat, daß ein Mädchen verträumt ist, wird man anders mit ihr reden. Das kommt ganz instinktiv. Man nimmt sich ja nicht vor: »Mit diesem Mädchen werde ich jetzt anders reden als mit dem von gestern.« Man tut es einfach.

BURGIN: Zwei Geschichten, zwischen denen für mich ein Zusammenhang besteht, sind ›Der Kabbalist vom East Broadway‹ und ›Vanvild Kava‹.

SINGER: ›Der Kabbalist vom East Broadway‹ ist eine beinahe wahre Geschichte. Der Mann, den ich da beschreibe, ging tatsächlich nach Israel, aber ich weiß nicht, ob er zurückgekommen ist. Ich glaube, er ist dort gestorben.

BURGIN: In dieser Geschichte entsagt die Hauptfigur dem »guten Leben« in Israel.

SINGER: Zuerst läuft er davon, und dann kommt er zurück, und wir wissen nicht, warum. Aber gerade weil wir das nicht wissen, glauben wir, daß diese Geschichte passiert ist, denn solche Menschen sind schrecklich unberechenbar. Und diese Unberechenbarkeit ist überzeugender, als wenn er sich »logisch« verhalten hätte.

BURGIN: In gewisser Weise ist diese Geschichte so ähnlich wie ›Vanvild Kava‹. Für Kava bietet sich eine Gelegenheit, publiziert zu werden, aber ohne ersichtlichen Grund nimmt er sie nicht wahr.

SINGER: Ja, ein Mensch wie Kava ist zu so etwas imstande. Das ist übrigens auch eine beinahe wahre Geschichte.

Burgin: Selbstvernichtung und Verzicht auf die Güter dieser Welt sind Themen, die sich in vielen Ihrer Werke wiederfinden. Was fasziniert Sie so sehr an diesen Themen?

Singer: Die Welt ist doch voll davon. Die ganze menschliche Rasse neigt ja, genaugenommen, zur Selbstvernichtung. Lesen Sie nur, was über den Libanon in den Zeitungen steht. Das sind doch Menschen, die anscheinend nur eins im Sinn haben – dasselbe wie die Lemminge, nämlich sich ins Meer zu stürzen und zu ertrinken. Sie wollen sich selbst vernichten, und jeder Vorwand ist ihnen dazu recht.

Burgin: Es steckt also in jedem Menschen etwas von einem Kamikazeflieger?

Singer: Oh, ja, ganz bestimmt!

Burgin: Ein anderes Thema in Ihrem Werk, das mich interessiert, ist die Ambivalenz der Sexualität, die Sie einerseits als lebensspendend, andererseits als lebenszerstörend darstellen. Ich denke da insbesondere an die Erzählung ›A Quotation from Klopstock‹, wo Sex für Theresa sowohl Leben als auch Tod bedeutet.

Singer: Wir haben es da mit einem Mann zu tun, der eigentlich keinen Grund hat, mit dieser Frau zu schlafen. Er will ihr lediglich eine Gefälligkeit oder Aufmerksamkeit erweisen.

Burgin: Glauben Sie wirklich, daß jemand so etwas nur aus Gefälligkeit tun würde? Bedeutet das für ihn nicht auch irgendwo eine Befriedigung?

Singer: Doch, ein Gefühl des Mitleids, in das sich vielleicht auch eine Lust am Abenteuer mischt. Es hat seinen Reiz, manchmal etwas Unmögliches oder Absurdes zu tun. Freud war trotz seines Wissens und seines Gespürs ein Rationalist. Er hat versucht, Formeln zu schaffen, zum Beispiel den Ödipus-Komplex oder den Elektra-Komplex. Aber sobald man anfängt, Formeln zu entwickeln, weicht man vom Pfad der künstlerischen Wahrheit ab.

Burgin: Haben Sie das Gefühl, wenn Sie Freud lesen, daß er das Leben verzerrt darstellt?

Singer: Nein, er verzerrt es nicht. Es steckt viel Wahres in Freud. Aber er nimmt Einzelfälle und behauptet, sie hätten Allgemeingültigkeit, während es so etwas in der Natur nicht gibt.

Burgin: Aber die Menschen sind sich doch ähnlich. Wir gehören alle derselben Spezies an.

Singer: Wenn man genau hinsieht, gibt es keine zwei Fälle, die einander ganz gleich sind. Nehmen wir an, Sie machen die Namen von zwanzig Personen ausfindig, die sich das Leben genommen haben. Aber wenn Sie dann nachforschen und sich deren Lebensgeschichten ansehen, werden Sie feststellen, daß sie trotz aller Ähnlichkeiten doch sehr verschieden waren. Wenn man natürlich zwanzig Personen Rizinusöl verabreicht, werden sie alle zwanzig auf die Toilette rennen, denn so wirkt Rizinusöl nun mal.

Burgin: Gewisse elementare Dinge sind aber allen Menschen gemeinsam, beispielsweise der Lebenswille.

Singer: Der Lebenswille ist zwar allen Menschen gemeinsam, aber in jedem wirkt er auf ganz unterschiedliche Weise.

Burgin: Ist nicht auch der Sexualtrieb allen gemeinsam?

Singer: Zweifellos. Aber nehmen wir einmal an, eine Frau war im Laufe ihres Lebens mit zwanzig Männern zusammen. Sie wird Ihnen bestätigen, daß sie alle völlig verschieden waren, aber daß diese Verschiedenheit genauso groß ist wie die Gemeinsamkeit. Der Wissenschaftler dagegen, auch der Psychologe, gibt Ihnen nur eine Fallgeschichte. Er will aus einem Fall eine Regel oder Gesetzmäßigkeit ableiten, wonach dieser Ödipus-Komplex nicht nur eine Erscheinung bei diesem einen Mann ist, sondern derselbe Komplex auch bei Millionen anderen Männern vorkommt.

Burgin: Dem stimmen Sie nicht zu?

SINGER: Dem Künstler genügt es zu sagen: »Das ist diesem einen Menschen widerfahren.« Es ist wahrscheinlich eine Tatsache, daß Newton das Gravitationsgesetz entdeckte, als er einen Apfel fallen sah. Wäre er nun ein Künstler gewesen, dann hätte er gesagt: »Das ist ja ein sonderbarer Apfel. Wenn er sich vom Baum löst, fällt er herunter.« Er wäre aber nicht darauf gekommen, daß das mit allen Äpfeln geschieht. Statt dessen hätte er so kunstvoll wie möglich beschrieben, was mit diesem einen Apfel geschah, und das hätte ihm genügt. Aber da Newton ein Wissenschaftler war, hat er sich gesagt: »Was für diesen einen Apfel gilt, das gilt auch für alle anderen Äpfel ebenso wie für Planeten und Flüsse.« Er hat also ein Gesetz formuliert. Mir genügt der einzelne Apfel. Darin liegt der Unterschied zwischen dem Künstler und dem Wissenschaftler. Der Künstler ist nicht darauf aus, Gesetze aufzustellen. Er will Individuelles darstellen, ihn interessiert das Einmalige. Der Wissenschaftler kann zwar das Einmalige auch bewundern, aber er will zeigen, daß das Einmalige nicht einmalig ist. Das ist sein ganzes Bestreben, und wenn es ihm nicht gelingt, glaubt er versagt zu haben. Wenn Newton festgestellt hätte, daß die Schwerkraft nur diesen einen Apfel betraf, wäre der Fall für ihn erledigt gewesen.

BURGIN: Aber nehmen wir einmal einen Autor, von dem ich weiß, daß Sie ihn bewundern, nämlich Dostojewskij. Er war einerseits am Besonderen einer Situation interessiert, andererseits aber auch an Ideen.

SINGER: Er war an Ideen interessiert, aber er hat es verstanden, diese Ideen auf Einzelfälle anzuwenden. Denken Sie etwa an Raskolnikow. Dostojewskijs Roman ›Schuld und Sühne‹ hat zwar einen wissenschaftlichen Titel. Er klingt so, als handele es sich um ein soziologisches Buch über das Problem der Schuld und der Sühne, aber nur der Titel ist wissenschaftlich. Der Roman könnte nicht in China spielen, nicht einmal in einem anderen Teil Rußlands. Es geht darin um den Fall eines ganz bestimmten Mörders, und das macht ihn so großartig. Wenn Raskolnikow stellvertretend für alle Mörder stünde, wäre das Buch entweder ein wissenschaftliches oder ein wertloses Buch – wahrscheinlich eher wertlos, denn es wäre auch dann noch nicht wissenschaftlich. Was Raskolnikow sagt und tut, würde kein anderer Mörder genauso sagen oder tun. Weil der Fall so einmalig ist, ist er auch so wahr, und weil er wahr ist, besitzt er in gewissem Sinne auch einen großen wissenschaftlichen Wert.

BURGIN: Das klingt wie ein Paradox.

SINGER: Es gibt keinen Mörder, der allen anderen Mördern ähnlich ist. Wenn man einen Mörder beschreibt, der anderen Mördern gleicht, dann beschreibt man eine Idee und keinen wirklichen Fall. Damit ein Ereignis wahr erscheint, muß es von anderen Ereignissen verschieden sein.

BURGIN: Nach Ihrer Ansicht sollte ein Romanautor also Ideen nur dazu benutzen, um den Charakter einer Figur zu beschreiben, aber nicht, um Aussagen über das Leben zu machen, die Anspruch auf allgemeine Gültigkeit oder Bedeutung erheben.

SINGER: Ich meine, daß eine Romanfigur um so wahrer ist, je weniger sie anderen Menschen gleicht. Je mehr sie anderen Menschen gleicht, um so weniger Wahrheit besitzt sie. Das ist auch der Grund, weshalb die vergleichende Literaturbetrachtung verkümmern muß: Wenn etwas vergleichbar ist, dann kann es keine Literatur sein.

BURGIN: Wir haben uns über Rationalismus, das Übernatürliche und die Beziehung zwischen Leib und Seele unterhalten. Ich würde Sie deshalb jetzt gerne nach den Geschichten fragen, in denen auf irgendeine Weise eine Beziehung zwischen Mensch und Tier eine Rolle spielt. In ›The Letter Writer‹ zum Beispiel besteht eine Bindung zwischen Herman und einer Maus.

SINGER: Es gibt nicht viele Menschen, die einer Maus ein bißchen Milch und ein Stückchen Käse hinstellen würden. Sie wissen ja, die meisten, fast alle würden sich eine Katze oder Gift holen und die Maus töten. Insofern ist dies ein besonderer Fall. Zu sagen, daß Herman eine Symbolfigur der Menschlichkeit sei, wäre völlig falsch. Wir können von ihm nur lernen, daß seine Geschichte eben deshalb so wahr klingt, weil er so außergewöhnlich ist.

BURGIN: Könnten Sie auch etwas zu einer anderen Ihrer Tiergeschichten sagen, ›Sehnsüchte‹?

SINGER: Auch diese Geschichte ist auf ihre Art einzig.

BURGIN: Es kommt mir so vor, als könnten Sie diese Geschichte selbst erlebt haben.

SINGER: Ja, ich habe einmal ein Kalb erlebt, das so schrie, und ein Mann sagte mir, man habe es aus einem Stall geholt, in dem sich noch andere Kühe befanden, und dieses Jungtier vermisse jetzt seine Mutter oder sein Zuhause. Das entspricht der Wahrheit. Ich habe dann aber dieses schreiende Kalb zu meiner eigenen Lebenserfahrung in Beziehung gesetzt, so daß ein einmaliger Fall daraus wurde. Man könnte jetzt keine zweite Geschichte über ein schreiendes Kalb schreiben, denn das wäre eine Wiederholung und deshalb bedeutungslos. Das Sonderbarste ist aber, daß ein Mensch anderen um so ähnlicher wird, je einmaliger er ist. Das ist das Paradox des Lebens.

12
Die Geschichte ist die Botschaft – Die Stimmung im Getto – Es gibt keine Erfolgsgarantie – Die Atmosphäre in ›Schoscha‹

BURGIN: Worauf kam es Ihnen an, als Sie ihren Roman ›Schoscha‹ schrieben?

SINGER: Es kam und kommt mir immer darauf an, eine Geschichte zu erzählen, die *meine* Geschichte ist. ›Schoscha‹ ist die Geschichte einer Liebe zwischen einem sogenannten normalen Mann und einer Frau, die nicht ganz normal, sondern etwas zurückgeblieben ist – oder wie immer Sie das nennen wollen. Wenn ich mich hinsetze und eine Geschichte schreibe, kommt es mir auf nichts anderes an als auf diese Geschichte. Sie ist das, worauf alles hinzielt. Wenn ich eine gute Geschichte vor Augen habe, und es ist *meine* Geschichte, dann schreibe ich sie auf. Zuerst einmal hat, soviel ich weiß, kein anderer Schriftsteller zu dieser Zeit in der Krochmalnastraße gelebt, und mir ist kein Schriftsteller bekannt, der eine Frau wie Schoscha geliebt hat. Es war einfach meine Geschichte. Wenn ich, wie ich schon mehrmals sagte, ein Thema für eine Geschichte habe und den Wunsch verspüre, diese Geschichte zu schreiben, und wenn ich überzeugt bin, daß das meine Geschichte ist, dann mache ich mir wegen einer Botschaft keine Gedanken. Wenn ich die Wahl habe zwischen einer Botschaft und einer Geschichte, dann entscheide ich mich jederzeit für die Geschichte und pfeife auf die Botschaft. Wenn Sie mich fragten, was für eine Botschaft in dieser Geschichte steckt, dann würde ich antworten, daß ich keine Botschaft darin entdecken kann. Was soll denn die Botschaft sein? Daß ein Mann seine Jugendfreundin immer noch gern hat, obwohl sie etwas zurückgeblieben ist? Es gibt einfach keine Botschaft. Wie hieß doch dieser Professor, der gesagt hat, das Medium sei die Botschaft, oder so ähnlich ...?

BURGIN: Marshall McLuhan.

SINGER: Richtig. Ich würde sagen, die Geschichte ist die Botschaft. Als Tolstoi seine ›Anna Karenina‹ schrieb, hatte zuvor schon Flaubert die Botschaft in ›Madame Bovary‹ aufgeschrieben. In beiden Fällen betrügt eine Frau ihren Mann, leidet und begeht Selbstmord. Was die Botschaft angeht, ist ›Anna Karenina‹ also nicht originell. Die Originalität liegt in der Geschichte, denn diese Geschichte ist ganz anders, auch ganz anders geschrieben.

BURGIN: Wäre es eine Überinterpretation, wenn man sagte, eine der »Botschaften« von ›Schoscha‹ sei die, daß alle Systeme oder Botschaften angesichts der Geheimnisse oder der Komplexität des Lebens unzulänglich sind?

SINGER: Ich denke, es ist Sache des Kritikers oder des guten Lesers, die Botschaft aufzuspüren, falls er eine suchen will. Ich selbst kann Literatur lesen, ohne in jeder Geschichte Botschaften oder Symbole zu suchen.

BURGIN: Ich dachte eigentlich nicht an eine moralische Botschaft, sondern an so etwas wie eine die Geschichte übergreifende Thematik.

SINGER: In ›Schoscha‹ kommen Menschen vor, denen der Tod bevorsteht und die nicht wissen, warum sie sterben sollen und welchen Sinn das alles hat.

BURGIN: Sie versuchen, sich das Unerklärliche begreifbar zu machen.

SINGER: Es kommen auch reiche Leute vor, Leute, die hätten fliehen können und die dennoch nicht fliehen.

BURGIN: In dieser Hinsicht gleicht Ihre Darstellungsweise ein wenig der von Dostojewskij in ›Schuld und Sühne‹, denn dort geht es ja nicht um die Frage, wer den Mord begangen hat, sondern warum er ihn begangen hat. Und in ›Schoscha‹ geht es nicht darum, wen Aaron heiraten wird, sondern warum er diese Wahl getroffen hat.

SINGER: Wir können nie wissen, warum sich jemand für diesen oder jenen Menschen entscheidet.

BURGIN: Sie sagten mir, beim Aufbau von ›Schoscha‹ sei Knappheit Ihr Grundprinzip gewesen.

SINGER: Ja. Ich habe immer wieder gefunden, daß die Schöpfungsgeschichte und überhaupt die Bibel unter anderem deshalb so eindrucksvoll sind, weil es sich um sehr, sehr kurze Geschichten handelt. Sie sind so kurz, daß sogar eine kurze Kurzgeschichte von heute im Vergleich dazu noch zu lang ist. Oft besteht eine Geschichte nur aus fünf, sechs Sätzen. Daraus habe ich den Schluß gezogen, daß die moderne Literatur schrecklich an ihrer Wortflut krankt. Ganz gleich, was sie einem erzählen, sie erzählen's einem wieder und wieder, bis für die Phantasie des Lesers kein Raum mehr bleibt. In der Bibel dagegen bleibt dem Leser soviel Raum, daß die Geschichte eigentlich nur angedeutet wird und der Leser alles andere selbst ergänzen muß. Ich will damit nicht sagen, daß man es kurz machen sollte, wenn man viel zu erzählen hat, sondern daß man sich aufs Wesentliche beschränken und so viel wie möglich der Phantasie des Lesers überlassen soll. Ich glaube, daß ich mich in allen meinen Geschichten bemüht habe, so zu verfahren, aber was die Romane betrifft ... fast hätte ich gesagt, ›Schoscha‹ sei das erste Beispiel, aber das stimmt nicht. ›Satan in Goraj‹ ist auch sehr kurz, ebenso wie einige andere meiner Bücher.

BURGIN: Als ich mich gestern mit Ihrer Sekretärin unterhielt, erfuhr ich, daß ›Schoscha‹, als Sie an die Korrektur der Druckfahnen gingen, viel länger war als später in der veröffentlichten Fassung.

SINGER: Ja, sehr viel länger.

BURGIN: Was für Teile oder Szenen haben Sie gestrichen?

SINGER: Ich habe vieles gestrichen, was mir nicht wirklich wesentlich vorkam. ›Schoscha‹ ist mein einziger Roman in der Ich-Form und erinnert an einen Memoirenband. Es ist ein Roman der Untertreibung, denn im heutigen literarischen Stil dominiert die Übertreibung. Man macht aus Maulwurfshügeln riesige Berge. In ›Schoscha‹ tue ich genau das Gegenteil. Die Hitlertragödie ist ein Berg, dessen wirkliches Ausmaß man gar nicht überschauen kann. Man muß sich auf einige wenige Episoden beschränken. Ereignisse, von denen man jedes zu einem großen Drama machen könnte, erzähle ich in nur einem Satz, weil das Drama, das danach kam, der Holocaust, so gewaltig war, daß es sich literarisch gar nicht darstellen läßt.

Die Menschen in ›Schoscha‹ leben zwar nicht in einem Getto, aber die Stimmung des Gettos ist hier stärker spürbar als in meinen anderen Büchern, weil diese Leute am Rand eines Vulkans leben, der jeden Augenblick ausbrechen kann. Sie leben in einer stillen, nicht in einer wilden Verzweiflung. Sie hatten nie die Absicht, sich zu wehren. Sie warten nur und versuchen zu vergessen, indem sie einander lieben, Bücher lesen, von nicht vorhandenen Hoffnungen reden. Sie genießen einen Frieden, der aus vollkommener Resignation erwächst. Manche von ihnen werden so zuversichtlich und sorglos wie Kinder.

BURGIN: Da wir gerade von der jiddischen Stimmung im Getto sprechen: Ich las vor kurzem ein Interview, in dem Sie sich über den besonderen Charakter des jiddischen Gettobewohners äußerten. Könnten Sie dazu noch etwas mehr sagen?

SINGER: Der besondere Charakter des Jiddischen liegt nicht nur in der Sprache, sondern auch im Wesen derer, die Jiddisch sprechen, in ihrer Weltanschauung. Die Menschen, die seit Jahrhunderten Jiddisch gesprochen hatten, waren anders als die Juden, die Englisch oder Französisch sprachen und die heute Hebräisch sprechen. Ich will damit sagen, daß jemand, der Jiddisch spricht, für die Welt ein Außenseiter ist, weil seine Eltern und Großeltern und Vorfahren seit Generationen in Gettos gelebt haben. Sie haben alle eines gemeinsam, nämlich die Einstellung, daß die Welt mit ihren schönen Dingen und ihren Hoffnungen eigentlich nicht sehr wichtig ist. Die Gettobewohner verstanden vieles, was die Menschen außerhalb des Gettos nicht verstanden. Wenn man zum Beispiel einen adligen Herrn, einen Grafen oder Baron beleidigte, indem man ihm sagte, seine Frau habe eine krumme Nase, dann forderte er einen sofort zum Duell, und das bedeutete entweder für ihn oder für einen selbst den Tod. Er konnte eine Beleidigung nicht hinnehmen, während es für den Mann im Getto so etwas wie ein Duell nie gegeben hat. Wenn dort einer den anderen beleidigte, dann sagte der Beleidigte vielleicht: »Er ist ein grober Kerl« oder »Er ist ein Sünder und wird in der nächsten Welt in die Gehenna kommen«, aber er setzte nicht sein Leben oder das des anderen aufs Spiel.

Es gab dort nicht diesen Stolz, wie ihn die Menschen hatten, die Franzosen oder Russen oder Engländer waren. Wer Jiddisch sprach, war nicht ein Mensch des weltlichen Stolzes. Im Getto gab es nicht genug Platz, um stolz zu sein oder sich um eine schöne Dame zu streiten oder den Damen den Hof zu machen, wie es die Ritter taten. Diesen Menschen war eine Passivität eigen und ein Gefühl, daß alles eitel sei und man am besten daran tue abzuwarten, was einem das Schicksal bringt.

BURGIN: Wann waren Sie eigentlich das letztemal in Israel?

SINGER: 1975, als man mich zum Ehrendoktor machte.

BURGIN: Haben Sie gegenüber diesem Land zwiespältige Gefühle?

SINGER: Keineswegs. Ich liebe Israel. Die Juden waren zweitausend Jahre lang im Exil, und immer haben unsere Feinde zu uns gesagt: »Geht zurück nach Israel.« Immer haben sie zu uns, zu den Juden, gesagt: »Was wollt ihr hier in Europa?« Und nun, nach zweitausendjährigem Leiden, haben sich endlich einige unserer jüngeren Leute gesagt, wenn die Welt uns nicht gehört, wenn wir in Europa Fremde sind, und wenn wir auch sonst überall Fremde sind, dann wollen wir unser eigenes Land haben. Jetzt sagt man zu ihnen: »Geht zurück nach Polen, geht zurück nach Rußland.« Wohin sollen die Juden denn gehen? Die Menschen haben uns doch immer wieder gedrängt, in das Land unserer Ahnen zurückzukehren, und deshalb sind wir dorthin gegangen, und ich bete zu Gott, daß die Kinder Ismaels nicht immer weiter mit den Kindern Isaaks kämpfen werden, sondern Frieden schließen, und daß es für den jüdischen Staat einen Platz geben wird.

BURGIN: Ihr Sohn und Ihre Enkel leben ja dort.

SINGER: Ich habe vier Enkel, und sie sind alle dort geboren.

BURGIN: Wie unterhalten Sie sich mit ihnen, jiddisch oder hebräisch?

SINGER: Wenn ich mit ihnen rede, dann in stockendem Hebräisch.

BURGIN: Haben Sie viel Kontakt mit jiddisch sprechenden Juden in New York?

SINGER: Natürlich habe ich Kontakt mit Juden, und zwar hauptsächlich mit solchen, die Jiddisch sprechen. Aber seit ich Englisch kann, habe ich auch Kontakt zu englisch sprechenden Juden. Ich habe ja mein ganzes Leben unter ihnen verbracht. Als ich jung war, dachte ich oft, warum sind sie nur so bescheiden, warum sind sie so pessimistisch, und warum danken sie dem Allmächtigen in einem fort für die Schwierigkeiten, die sie haben? Aber trotzdem bewundere ich ihre Bescheidenheit.

BURGIN: Ich glaube, Sie haben einmal gesagt, Sie fühlten sich den jiddisch sprechenden Juden etwa in Brooklyn nicht so recht zugehörig, weil Sie das Gefühl hätten, es fehle da etwas.

SINGER: Die jiddisch sprechenden Juden sind hier ein bißchen anders, weil sie nicht so bescheiden sein müssen wie in Polen, Rußland oder Rumänien. Hier sind sie amerikanische Bürger mit einem amerikanischen Paß. Wenn sie nach Frankreich fahren, sind sie Amerikaner und werden entsprechend behandelt. Trotzdem sind sie letzten Endes nicht anders als früher in Polen.

BURGIN: Wenn Sie mit Ihrer Frau allein sind, sprechen Sie dann Englisch oder Hebräisch?

SINGER: Wir sprechen Englisch. Sie wurde in Deutschland geboren.

Burgin: In den meisten Ihrer Geschichten und Romane kommen nur Juden vor, wie Sie sie kannten, bevor Sie hierher kamen. Hat das etwas damit zu tun, daß Sie in diesem Land nie sehr enge persönliche Bindungen an Menschen hatten, die Jiddisch sprachen, und daß Sie mehr in der Erinnerung als in der Gegenwart leben?

Singer: Solange ich über Menschen schreibe, die Jiddisch sprechen, möchte ich am liebsten über die schreiben, die Jiddisch in Polen sprachen.

Burgin: Weil sie für Sie wirklicher und lebendiger sind?

Singer: Ihre Art zu denken war mir vertrauter. Auch wenn ich über Amerika schreibe, geht es immer um Menschen, die Jiddisch sprechen. Ich schreibe nur selten über Menschen, die hier geboren wurden. Die Hauptfiguren meiner Geschichten und Romane, auch wenn sie Englisch sprechen, sind Einwanderer, die die Sprache kaum beherrschten, als sie hier ankamen.

Burgin: Lassen Sie mich ein paar Fragen zu Ihren Theaterstücken stellen. ›Jentl der Talmudstudent‹ und ›Taibele und ihr Dämon‹ sind die beiden bekanntesten, und sie basieren auf Kurzgeschichten von Ihnen. Inwieweit waren Sie an der Adaption dieser Stücke beteiligt?

Singer: Ich habe beide in Zusammenarbeit mit Eve Friedman adaptiert. Sie hat mich beraten, ermutigt und so weiter, aber geschrieben habe ich alles selbst. ›Taibele‹ hält sich ziemlich eng an die zugrundeliegende Erzählung, aber wir mußten die Handlung für die Bühnenfassung erweitern. Ich habe das Stück in Minneapolis gesehen ...

Burgin: Und waren Sie mit der Aufführung zufrieden?

Singer: Das Ende war nicht so, wie ich es mir vorgestellt hatte. Irgend etwas stimmte mit dem Ende nicht.

Burgin: Als die ›New York Times‹ Ihr Selbstinterview zu dem Film ›Yentl‹ mit Barbra Streisand brachte, gab es großen Wirbel. Wollen Sie dazu noch etwas sagen?

Singer: Nein. Der Film gefiel mir nicht, und das habe

ich auch gesagt. Wie kann denn jemand, der in diesem Land geboren wurde, eine Jeschiwa schildern, wie sie wirklich ist? Wenn ein Drehbuchautor oder Regisseur oder sonst jemand ein Milieu darstellen will, das nicht sein eigenes ist, macht er unweigerlich Tausende von Fehlern – kleine Fehler vielleicht, aber es sind doch Fehler. Einen großen Mann wie Shakespeare hat das natürlich nicht gestört, denn er war ein Dichter, und seine Aufmerksamkeit galt der Sprache, der Darstellung allgemeiner Ideen und der dramatischen Spannung. Er war kein Realist. Ich bin aber ein Realist, und selbst wenn ich über Dämonen schreibe, sind das nicht Dämonen schlechthin, sondern die Dämonen einer ganz bestimmten Stadt, und sie sprechen die Sprache der Menschen dort. Wenn ich deshalb eine Jeschiwa sehe, in der die Schüler anders angezogen sind und anders sprechen, als es wirklich war, dann finde ich, daß wir von der ganzen Sache nichts haben. Wenn das Besondere fehlt, fehlt einfach alles.

Burgin: Ich weiß, daß Sie Tschechows Erzählungen sehr lieben. Mögen Sie seine Theaterstücke genausogern?

Singer: Er ist mein Lieblingsautor, was die Kurzgeschichten betrifft; aber ein Stück, in dem die Leute einfach dasitzen und von ihren Stimmungen reden, ist für mich kein Theater.

Burgin: Als Dramatiker schätzen Sie also Tschechow nicht besonders?

Singer: Ich liebe seine Geschichten ...

Burgin: Aber nicht seine Stücke?

Singer: Ich habe eigentlich nicht genug davon gesehen, um mir eine Meinung zu bilden. Sie wissen sicherlich, daß Tolstoi einmal zu Tschechow gesagt hat: »Tu mir einen Gefallen und schreib keine Stücke mehr.« Ich finde, daß ein Theaterstück Handlung haben muß, aber Tschechow war ein Genie, und selbst wenn er ein Stück geschrieben hätte, das nur aus Stimmungen besteht, wären bestimmt brillante Stellen darin.

Burgin: Da wir gerade über das sprechen, was Sie außer Erzählungen und Romanen noch geschrieben haben, würde ich Sie gerne nach Ihren Memoiren fragen. Sie haben damit spät begonnen, und in den vier Bänden, die bisher vorliegen, kommen Sie erst bis zu Ihren Mittdreißigern. Haben Sie vor, noch weitere Bände folgen zu lassen?

Singer: Alles, was ich geschrieben habe, gehört eigentlich zu meinen Memoiren. Ein Autor bezieht ja all sein Material aus seinem Leben, so daß ich auch dann noch einen Teil meiner Memoiren schreibe, wenn es um andere Menschen geht. Deshalb habe ich natürlich vor, meine Memoiren auf die eine oder andere Weise fortzusetzen.

Ich sehe keinen wesentlichen Unterschied zwischen meinen Erzählungen und Romanen einerseits und den Memoiren andererseits, und ich glaube, das ist nicht nur bei mir so, sondern bei allen Schriftstellern. Wenn man die Klassiker liest, entdeckt man in jedem ihrer Werke Stücke ihres Lebens. Wenn Sie ›Satan in Goraj‹ lesen, mein erstes Buch, dann finden Sie darin auch Teile meines Lebens wieder. Rabbi Benisch zum Beispiel, der dort vorkommt, war mein Großvater mütterlicherseits.

Burgin: Was ist das für Sie für ein Gefühl, nicht-fiktionale Literatur zu schreiben, in der Sie selbst als Hauptfigur vorkommen?

Singer: Ich komme doch in allen meinen Büchern vor. Meine Persönlichkeit ist auf die eine oder andere Weise immer anwesend. Ich habe nie einen ernstzunehmenden Schriftsteller gefunden, der nicht über sich und sein eigenes Leben schreibt. Man erkennt Tolstoi in ›Krieg und Frieden‹ sofort wieder. Er heißt dort Pierre, und in ›Anna Karenina‹ heißt er Levin. Aber es ist jedesmal Tolstoi.

Burgin: Woran schreiben Sie zur Zeit? Ist es ein Stück, ein Roman, ein Kinderbuch, eine Erzählung?

Singer: Derzeit schreibe ich an einem Roman mit dem Titel ›The Way Home‹. Es ist wieder die Geschichte von einem, der Buße tut, aber eben erweitert und hoffentlich auch farbiger. Der Roman ›Der Büßer‹ konzentrierte sich auf die Buße, und ich schrieb nur wenig über die Sünden der Hauptfigur. In dem neuen Buch beschreibe ich sowohl sein sündiges Leben als auch, wie er es hinter sich läßt.

Ich hoffe, daß in dieser Spielzeit drei meiner Stücke aufgeführt werden: ›Taibele und ihr Dämon‹ in der Habimah in Israel; ›Der erste Schlemihl‹ wird in einer englischen Fassung in New York gespielt; und ein jiddisches Stück in Montreal. Ich habe mich zwar nie für einen Dramatiker gehalten, aber irgendwie fließen mir diese Stücke doch aus der Feder – beinahe gegen meinen Willen.

BURGIN: Ich würde gerne auf ein anderes Thema zu sprechen kommen. Ich muß immer wieder daran denken, wie wir einmal miteinander telefonierten und Sie mir sagten, wie sehr Sie sich freuten, daß eine Ihrer Geschichten im ›New Yorker‹ erscheinen werde. Damals dachte ich: Dieser Mann sagt immer: »Schriftsteller können die Welt nicht verändern, nicht einmal zum Schlechteren« und »Schriftsteller sind nur Unterhalter« und »Ich vermag Gottes Barmherzigkeit nirgends zu sehen« und »Die Welt ist ein Dschungel und ein Schlachthaus«, und derselbe Mann ist jetzt ganz glücklich, daß eine seiner Geschichten gedruckt wird. Was macht Ihnen am Schreiben soviel Freude?

SINGER: Das ist wie mit dem Juden im Exil, der jedesmal, wenn ein Tag herum ist, denkt, Gott sei Dank, ich habe diesen Tag überlebt, und es ist mir nichts Schlimmes zugestoßen. Genauso geht es mir beim Schreiben, denn ich weiß, daß das Schreiben große Gefahren mit sich bringt. Auch wenn man noch soviel Talent hat, kann es passieren, daß man einen sehr schlechten Roman oder eine sehr schlechte Kurzgeschichte schreibt. Deshalb kommt es mir jedesmal wie ein Wunder vor, wenn ich meine fertige Geschichte noch einmal durchlese und feststelle, daß sie nicht schlecht ist. Wenn ich mich hinsetze, um zu schreiben, ist es für mich nicht selbstverständlich, daß dabei eine gute Geschichte herauskommt, denn niemand schreibt von Natur aus gute Geschichten. Es läuft nicht alles von Anfang an glatt. Man muß daran arbeiten. Mit der Literatur ist es wie mit der Liebe und dem Sex: es gibt keine Erfolgsgarantie.

BURGIN: Aber wie ist diese Freude am Schreiben angesichts Ihrer Lebenseinstellung zu erklären? Warum haben Sie Spaß an etwas, was Sie als eine so unwichtige Tätigkeit ansehen?

SINGER: Auch wenn jemand ein noch so großer Pessimist ist, wird er sich doch freuen, wenn ihm etwas Gutes zustößt.

BURGIN: Ist das nicht sehr sonderbar?

SINGER: So ist der Mensch nun einmal. Als Schopenhauer ein neues Kapitel aus ›Die Welt als Wille und Vorstellung‹ durchlas und fand, daß es gut sei, soll er auch sehr glücklich gewesen sein. Wenn ein Bestattungsunternehmer einen guten Tag gehabt hat, kommt er abends freudestrahlend nach Hause.

BURGIN: Wir können uns das also letztlich nicht erklären.

SINGER: Gott hat uns so etwas wie Eigenliebe gegeben, ohne die wir uns das Leben nehmen würden. Wenn der Mensch sich nicht liebte, würde er mit dem Kopf gegen Felswände rennen. Er würde mit jedermann Streit anfangen. Er würde sich tausendfachen Gefahren aussetzen, noch mehr als er jetzt schon tut. Ich bin zwar der Meinung, daß die Literatur die Welt nicht retten kann, aber wenn mir eine Geschichte gut gelingt, und wenn der Setzer dann nicht Tausende von Fehlern macht, was beim Jiddischen fast immer passiert, dann bin ich doch dankbar. Das bedeutet nicht, daß damit mein Pessimismus verschwunden wäre. Ich weiß dann immer noch, daß das Leben voller Leid ist und daß man mit Literatur die Welt nicht retten kann und mit anderen Dingen auch nicht, aber ich meine, daß der Mensch immer versuchen sollte, das, was er macht, so gut wie möglich zu machen, und wenn ihm das dann eine vorübergehende Genugtuung bereitet, mache ich ihm daraus keinen Vorwurf. Ein Pessimist hat keine großen Erwartungen, und deshalb ist er für all die kleinen Geschenke dankbar, die Gott uns macht.

BURGIN: Was nun die Freude Ihrer Leser an ›Schoscha‹ betrifft, so waren einige Kritiker etwas befremdet über den, wie sie sagen, abrupten Schluß. Ich selbst fand das allerdings einen der schönsten und künstlerisch interessantesten Teile des Buchs. Würden Sie sagen, daß Sie manches von dem, was mit den Romanfiguren geschieht, deshalb ausgelassen oder nicht ausführlich dargestellt haben, weil Sie das zuvor schon in der ›Familie Moschkat‹ geschildert hatten?

SINGER: Manche Leser hätten sich gewünscht, daß dieser Roman genauso wäre wie ›Die Familie Moschkat‹. Aber wenn er so gewesen wäre wie ›Die Familie Moschkat‹, hätten sie natürlich gesagt, er wiederholt sich. Ich habe dieses Buch bewußt anders geschrieben, in einem anderen Stil, kürzer, und alles weggelassen, was nicht unbedingt zur Geschichte gehört. Und in gewisser Weise stellt es für mich ein Experiment dar.

BURGIN: Ist das der Grund, weshalb der Erzähler im Epilog so unterkühlt wirkt? Er braucht ja nur einen einzigen Satz oder eine Zeile, um den Tod seines früheren Freundes zu schildern.

SINGER: Ja. Übrigens: Dieser Roman ist zwar in der ersten Person erzählt, aber ich spiele darin nur eine kleine Rolle. Ich habe mich bemüht, anderes größer darzustellen.

BURGIN: Im Vordergrund steht also eigentlich die Situation dieser Menschen, ihr Milieu.

SINGER: Ja, und die unerklärte Leidenschaft dieser etwas zurückgebliebenen Frau. Das Ganze ist gewissermaßen gedämpft. Es ist nicht die Geschichte einer wilden, leidenschaftlichen Liebe wie die zwischen Hadassa und

Euser Heschel in ›Die Familie Moschkat‹ oder zwischen Jakob und Wanda in ›Jakob der Knecht‹. Die Leidenschaft ist hier gedämpft, weil die Hauptfigur weiß, daß sie sich in einer Atmosphäre des Todes abspielt.

13

›Der Büßer‹ – Vegetarismus – Über das Verlegen von Dingen – ›Hunger‹ – Unglück in unserer Zeit – Meine Droge ist die Arbeit – Alltag

BURGIN: Ich würde Ihnen gern ein paar Fragen zu Ihrem erst kürzlich übersetzten Roman ›Der Büßer‹ stellen. Wahrscheinlich wüßten viele Leser gern, inwieweit Sie Shapiros Kritik an der modernen Zivilisation teilen. Er äußert sich zum Beispiel sehr abfällig über moderne Literatur und Psychiatrie.

SINGER: Genaugenommen äußert er sich abfällig über jede Art von Literatur, nicht nur die moderne, wobei ich mit Literatur die weltliche meine. Seiner Meinung nach können Geschichten über Liebe und Sex oder über Grausamkeit und Krieg dem Leser nichts geben. Sie machen ihm nur Lust auf Sex oder auf Kampf. Aus Josephs jüdischer Perspektive betrachtet ist das aber Zeitverschwendung, und Zeitverschwendung ist im Grunde eine Sünde, weil man seine Zeit besser darauf verwendet hätte, die Thora zu lesen oder die Gebote Gottes zu befolgen. Die Ansicht, daß Literatur nichts ist, daß sie eigentlich ein Werkzeug des Teufels ist, gibt es schon sehr lange. Früher sprach man von *sefarim chitzonim,* was »außenbefindliche Bücher« bedeutet, also Bücher, die nichts mit der jüdischen Religion zu tun haben, nicht koscher sind. Diesen Standpunkt teile ich natürlich nicht. Wenn ich es täte, würde ich mich so verhalten wie Shapiro, anstatt weiter Bücher zu schreiben. Ich würde nichts mehr publizieren.

BURGIN: Aber geben nicht manche seiner Äußerungen doch etwas von Ihren Gedanken wieder?

SINGER: In einigen Fällen, ja. Da ich aus einem Elternhaus komme, wo man genauso dachte wie Joseph Shapiro, weiß ich genau, wie er denkt. Trotzdem ist der Versuch, einen Roman mit seinem Autor zu identifizieren, völlig unsinnig. Manche Leute haben ja geglaubt, Dostojewskij wäre selbst zu einem Mord fähig gewesen. Man hätte ihm nur freie Hand lassen müssen, dann hätte er eine Russin und ihre Nichte umgebracht und so weiter. So etwas ist einfach lächerlich. Die Tatsache, daß man die Gedanken eines Mörders nachvollziehen kann, bedeutet doch nicht, daß man selbst ein Mörder ist. Es bedeutet lediglich, daß man sich in seine Art zu denken hineinversetzen kann. Darin besteht ja gerade das Talent. Aber diese Vermutung, der Autor sei immer identisch mit dem Helden seiner Bücher, kann der Literatur sehr schaden. Joseph Shapiro ist einfach er selbst. Er stellt den Typus des orthodoxen Juden dar, dem die Thora alles bedeutet, während alles andere für ihn bedeutungslos ist. Wer nun behaupten wollte, damit verkündete ich meine eigenen Ansichten, der würde geradezu einen Anschlag auf die Literatur verüben.

BURGIN: Ich würde gerne auf ein anderes Thema zu sprechen kommen, das Ihnen, wie ich weiß, auch sehr wichtig ist. Vor kurzem las ich noch einmal ›The Slaughterer‹, das ja ein sehr heftiger Protest gegen das hemmungslose Abschlachten von Tieren ist. Ähnliches schreiben Sie auch in ›Der Büßer‹. Wie stehen Sie eigentlich zum Vegetarismus?

SINGER: In diesem Fall kann man mich wirklich nicht verdächtigen, selbst ein Schlächter zu sein. Ich meine, daß eigentlich jeder denkende und fühlende Mensch zu dem Schluß kommen muß, daß man nicht friedfertig sein kann, wenn man gleichzeitig andere Lebewesen tötet; daß man nicht für Gerechtigkeit sein kann, wenn man gleichzeitig Wesen, die schwächer sind als man selbst, zur Schlachtbank führt und sie quält. Diese Einstellung hatte ich schon als Kind, wie viele andere Kinder auch. Aber irgendwie haben mir meine Eltern dann eingeredet, das bedeute, mehr Mitleid haben zu wollen als der Allmächtige. Meine Mutter sagte, wenn ich Vegetarier würde, bekäme ich Mangelerscheinungen und würde verhungern. Das machte mir Angst, und ich dachte: »Naja, da kann man nichts machen.« Aber als ich älter wurde, vor ungefähr zwanzig Jahren, da fand ich, daß ich wirklich ein Heuchler wäre, wenn ich einerseits gegen jede Art von Blutvergießen schriebe oder redete, mich aber andererseits selbst am Blutvergießen beteiligte. Das war nichts besonders Tiefschürfendes, sondern einfach ein Gefühl. Und so empfinde ich noch immer. Das sagt einem doch der gesunde Menschenverstand, daß man nicht an Mitgefühl und Gerechtigkeit glauben kann, während man gegenüber Tieren genau das Gegenteil praktiziert, bloß weil sie schwächer oder weniger intelligent sind. Es steht uns nicht zu, über diese Dinge zu urteilen. Sie haben die Intelligenz, die sie benötigen, um leben zu können.

BURGIN: Wie dachte Ihr älterer Bruder darüber?

SINGER: Er dachte genauso.

BURGIN: War er auch Vegetarier?

SINGER: Nein, er aß Fleisch. Viele Menschen denken ja wie ich, und trotzdem sagen sie: »Was würde es denn nützen? Die Tiere werden ja doch geschlachtet, und wenn wir sie nicht schlachten, dann bringen sie sich gegenseitig um.«

BURGIN: Woher wissen Sie, ob die Pflanzen nicht auch eine Seele haben? Sie wachsen doch, und sie leben.

SINGER: Ganz sicher kann man da nicht sein, aber soweit darf man wohl nicht gehen. Das würde ja bedeuten, daß jeder Vegetarier Selbstmord begehen müßte, was aber auch nicht richtig wäre. Es gibt eben keine Anhaltspunkte dafür, daß Pflanzen leiden können, und es ist noch nie vorgekommen, daß eine Kartoffel vor dem Kochtopf davongelaufen ist.

BURGIN: Manche Leute glauben, man könne sich mit Pflanzen unterhalten.

SINGER: Sie bilden sich das ein, weil sie beweisen möchten, daß Vegetarismus Unsinn ist.

BURGIN: Eine andere Ihrer Geschichten, die ich vor

kurzem wieder gelesen habe, ist ›The Lecturer‹, und mir fiel auf, daß auch darin jemand vorkommt, der etwas verliert. Dieses Motiv kehrt in mehreren Ihrer Erzählungen wieder.

SINGER: Seit meiner Kindheit habe ich immer wieder Dinge verlegt. Ich konnte mir einfach nicht merken, wo ich sie hingetan hatte. In gewisser Weise glaube ich, daß alle Menschen große Verlierer sind. Dieses Motiv hat auch mit dem Alter zu tun, denn wenn man älter wird, verliert man immer häufiger etwas.

BURGIN: Bis man am Ende auch die Zeit verliert.

SINGER: Ja. Ich kenne viele alte Leute, und sie erzählen mir, daß sie immerzu etwas suchen, weil sie nicht mehr wissen, wohin sie es gelegt haben. Da ich oft ältere Menschen beschreibe, oder junge Menschen, die sich wie alte verhalten, stoße ich immer wieder auf dieses Motiv. Es vergeht kein Tag, an dem ich nicht ein Manuskript verliere oder glaube, ich hätte es verloren, so daß ich überall danach suche. Meine Frau ist ein paar Jahre jünger als ich, aber sie sucht auch die ganze Zeit nach irgendwelchen Dingen. Und die Entwicklung unserer Gesellschaft trägt dazu bei, daß wir öfters etwas verlieren, denn früher hatten die Menschen nicht so große Wohnungen und so viele Möbel, sie besaßen einfach nicht so viele Dinge. Sie bekamen auch nicht immerzu Briefe. Deshalb konnten sie gar nicht so oft etwas verlegen wie wir heute. Außerdem sind die Menschen nicht andauernd verreist. Erst heute bin ich aus San Francisco und Los Angeles zurückgekommen, es hätte sein können, daß ich unterwegs ein paar Vortragsmanuskripte und andere Papiere verloren habe.

BURGIN: Sie wollen also auf unser Gefühl der Orientierungslosigkeit in der Welt hinweisen – darauf, wie leicht unser Gefühl der Sicherheit und Geborgenheit gestört werden kann.

SINGER: Ja, das ist ein schwacher Punkt. Es ist aber auch ein Ergebnis vieler Dinge, die die Menschen heute tun, und die sie immer häufiger tun.

BURGIN: Als ich mir einige unserer früheren Gespräche noch einmal durchlas, fand ich es überraschend, daß Sie für Proust so wenig übrig haben, obwohl doch auch viele Ihrer Werke Erinnerungen aus Ihrer Vergangenheit behandeln.

SINGER: Ich hatte Schwierigkeiten, ›Auf der Suche nach der verlorenen Zeit‹ zu lesen, denn auf französisch konnte ich es nicht lesen, und damals hatte ich noch Mühe, die englische Übersetzung zu verstehen. Außerdem schreibt Proust direkt über Gefühle, was ich nicht tue.

BURGIN: Sie ziehen die szenische Darstellung vor.

SINGER: Ich beschreibe Dinge oder Ereignisse, die Gefühle hervorrufen. Ich würde nie über einen Mann sagen: »Er fühlte sich nicht wohl.« Ich würde sagen, daß er Magenschmerzen oder Kopfschmerzen hatte oder daß er immerzu etwas verlor. Ich beschreibe etwas, aus dem man dann schließen kann, daß jemand glücklich oder unglücklich ist. Ich sagte ja früher schon einmal, daß es nur wenige Wörter gibt, mit denen man Gefühle ausdrücken kann, und die sind so banal geworden, daß sie schon nichts mehr bedeuten. Aus diesem Grund lese ich Proust nicht besonders gern – weil er diese direkten Formulierungen gebraucht: »Er war glücklich, er war unglücklich, er war verstört.« Er konnte diese Wörter noch gebrauchen, weil sie zu seiner Zeit noch nicht so abgenutzt waren. Heute werden sie von jedem Psychologen und Journalisten mißbraucht. Ich kann Seelenanalysen in der Literatur nicht vertragen, und Proust war zwar ein guter Erzähler, aber er war auch ein ganz großer Seelenanalytiker.

BURGIN: Wenn Sie in Ihren Romanen und Geschichten von Dämonen schreiben – ist das eine Form, Gefühle darzustellen, ohne sie zu analysieren? Wie kam es überhaupt, daß Dämonen ein fester Bestandteil Ihrer Werke geworden sind?

SINGER: Sie waren es von Anfang an. Geschichten über Dämonen stammen im Grunde aus der mündlichen Tradition des Volkes, und das Volk erzählt Geschichten und analysiert nicht Gefühle.

BURGIN: In ›Geitzel the Monkey‹ schreiben Sie: »Was sind denn Dämonen anderes als Nachahmer.« Könnten Sie etwas näher erklären, was Sie damit gemeint haben?

SINGER: Diese Worte (»Der Dämon ist ein Nachahmer«) sind selbst ein Stück Volksweisheit, denn einem Kind, das in einen Spiegel sieht, ist genauso zumute wie einem Urmenschen, der von einem, der ihn nachahmt, in Staunen versetzt wird. Man streckt die Zunge heraus, und er tut es auch. Man reibt sich die Nase, und das Spiegelbild tut dasselbe. Zu Hause hat man mir übrigens immer gesagt, der Spiegel sei voller Dämonen.

BURGIN: Soviel ich weiß, haben Sie Knut Hamsuns Roman ›Hunger‹ sehr gern.

SINGER: Ja, ich habe ein Vorwort dazu geschrieben.

BURGIN: Hat Sie dieses Buch künstlerisch beeinflußt?

SINGER: Ich habe es schon als Kind gelesen.

BURGIN: Was hat Ihnen daran besonders gefallen?

SINGER: Ein anderer seiner Romane, nämlich ›Pan‹, hat mir eigentlich noch besser gefallen als ›Hunger‹. Das ist ein Meisterwerk. Hamsun war überhaupt kein Analytiker. Das Großartige an ihm ist die Art, wie er die Liebe als eine Form des Kampfes beschreibt. Liebende neigen ja dazu, sich manchmal zu streiten – was nichts anderes ist als ein Ringen zwischen zwei Menschen –, und mitunter steckt darin viel Bosheit und Feindseligkeit, und der Stärkere versucht, den anderen zu schwächen, noch schwächer zu machen, als er oder sie eigentlich ist. Hamsun hatte ein feines Gespür für die Boshaftigkeit, die mit der Liebe Hand in Hand geht, und er konnte das besser schildern als jeder andere Autor. In ›Pan‹ liegen die beiden Hauptfiguren, Thomas und Edvarda (so heißt die junge Frau), ständig miteinander in Streit. Es herrscht so etwas wie ein Kriegszustand. Der Liebeskrieg, das war Hamsuns Thema.

BURGIN: Die Romanciers, die Sie am meisten schätzen,

stammen alle aus dem neunzehnten Jahrhundert. Ich weiß, daß Sie die Entwicklungen der Literatur im zwanzigsten Jahrhundert größtenteils ablehnen, aber gibt es für Ihre Vorliebe noch andere Gründe?

SINGER: Die Schwierigkeit in der zweiten Hälfte des zwanzigsten Jahrhunderts liegt meines Erachtens vor allem darin, daß nicht genug Stoff für Geschichten da ist, und weil es für die Schriftsteller keine Geschichten mehr zu erzählen gibt, wird ihre Sprache klischeehaft und bedeutungslos.

BURGIN: Wie ist es dazu gekommen, daß die Literatur heute so ist?

SINGER: Der moderne Mensch interessiert sich immer mehr für Abstraktionen und Formeln. Sein Denken ist verwissenschaftlicht. Er lehnt es ab, sich auf das Leben einer einzelnen, besonderen Person einzulassen. Wenn er eine Liebesgeschichte schreibt, dann will er, daß sie eine Vielzahl von Liebesgeschichten beschreibt. Es soll *die* Liebesgeschichte schlechthin werden. Es genügt ihm nicht zu sagen: »Das ist die Geschichte der Liebe, die sich an einem bestimmten Ort zu einer bestimmten Zeit zugetragen hat und die sich noch nie zuvor so abgespielt hat und sich auch nie wieder genauso wiederholen wird«, denn dann hat sie für ihn keinen wissenschaftlichen oder soziologischen Wert mehr. Aus seiner Sicht ist sie dann völlig wertlos.

Im neunzehnten Jahrhundert dagegen war es für einen Autor ausreichend, wenn er sagen konnte: »Hier ist etwas, was sich einmal ereignet hat. Es konnte sich nur in Rußland an dem und dem Ort zutragen, und voraussichtlich wird es nie wieder so geschehen.« Das wissenschaftliche Denken weicht dem Einzelfall aus, während das Denken, das an Einzelfällen interessiert ist, der Psychologie und den Formeln ausweicht.

BURGIN: Glauben Sie nicht auch, daß die Autoren der Gegenwart zuviel Selbstbespiegelung treiben und oft ganz auf sich selbst fixiert sind?

SINGER: Wenn man von jemandem sagt: »Er ist unglücklich«, dann bedeutet das Wort »unglücklich« überhaupt nichts, denn wir wissen ja nicht, warum er unglücklich ist. Man kann unglücklich sein, weil es einem an Liebe fehlt, aber auch, weil man keinen Doktortitel hat. Wörter, die Gefühle bezeichnen, müssen immer durch Handlungen erklärt werden. Heute sind solche Wörter zu bloßen Worthülsen geworden, so daß kein Schriftsteller sie mehr ernsthaft verwendet. Sie werden es bei Tschechow nie finden, daß er einfach sagt: »Dieser Mann war unglücklich« oder »Dieser Mann war glücklich«. Er nennt dem Leser vielmehr ein paar Tatsachen oder Handlungen, mit denen sich die Gefühle seiner Personen erklären lassen. Die Gefühle müssen mit der Geschichte in engem Zusammenhang stehen. Ohne diesen Bezug zur Geschichte sagen sie gar nichts aus.

BURGIN: Nun ist es ja nicht nur die Qualität der modernen Literatur, sondern auch der Zustand der modernen Gesellschaft, was Sie mit Sorge erfüllt. Wie sehen Sie die geistige Krise unserer Zeit? Warum wenden sich zum Beispiel immer mehr Menschen dem Alkohol oder Drogen zu?

SINGER: Ich meine, daß der Verlust des Glaubens die Menschen, besonders die jungen Menschen von heute unglücklich macht. Ich denke da gar nicht an die Zugehörigkeit zu irgendeiner Glaubensgemeinschaft, sondern nur an den Glauben an eine höhere Macht. Jahrtausendelang haben die Menschen an Gott oder Götter geglaubt. Sie glaubten, daß die Entstehung der Erde kein Zufall war und daß die Mächte, die über die Welt herrschen, auch über die Welt richten und Gutes mit Gutem und Schlechtes mit Schlechtem vergelten werden. Natürlich war der Glaube der Heiden ein anderer als der, sagen wir, der Juden, aber es war dennoch ein Glaube an höhere Mächte und an Gerechtigkeit. Sie glaubten, daß es Menschen gibt, denen Gott sich offenbart und die deshalb genau wissen, was zu tun ist. Selbst der Humanismus, dieser letzte Rest von Glauben, ist durch die vielen schrecklichen Kriege und Revolutionen und durch Menschen wie Stalin und Hitler zerstört worden. Diese Menschen haben sich übrigens selbst für Humanisten gehalten, denn sie sprachen ja im Namen der Menschheit und nannten sich sogar Sozialisten.

Aus diesen Gründen haben die Menschen heute das Gefühl, an einer Lotterie teilzunehmen. Entweder sie gewinnen oder sie verlieren, aber sie glauben nicht, daß es eine Macht gibt, die hinter allem steht. Unter den Menschen herrscht heute eine große Enttäuschung. Ich glaube, daß die Menschen noch nie in ihrer Geschichte so sehr von allem enttäuscht waren und an allem so große Zweifel hatten wie heute. In der Sowjetunion zwingt man sie zwar zu sagen, daß sie glauben, aber in Wahrheit glauben sie nicht, und sie wissen genau, daß man sie wie Schafe in der Herde behandelt. Das ist also der Grund, weshalb Drogen so verbreitet sind. Und selbst wenn es der Polizei gelänge, die Drogenhändler zu verhaften oder auszuschalten – das Bedürfnis nach Drogen bliebe bestehen.

BURGIN: Wie ließe sich diese Entwicklung aufhalten? Oder wird alles noch schlimmer werden?

SINGER: Ich glaube nicht, daß die Verzweiflung ein solches Ausmaß erreicht, daß die gesamte Menschheit Selbstmord begeht. Die Menschen sind heute sehr oft enttäuscht von der Ehe. Jahrtausendelang war doch jeder Mann irgendwie davon überzeugt, daß er, wenn er von zu Hause fortging, am Kaminfeuer eine treue Frau zurückließ. Diese Überzeugung schwindet immer mehr. Ob in den Romanen, im Kino, im Theater – überall reißt man die Institution der Ehe in Stücke. Überall heißt es, und zwar zu Recht, daß es keine Treue mehr gibt.

BURGIN: Wenn jemand ein Jahr lang treu bleibt, gilt das schon als etwas Besonderes.

SINGER: Der moderne Mensch sieht also nichts, wofür es sich noch zu leben oder zu arbeiten lohnt, und das hält auf die Dauer niemand aus. In den kommunistischen Ländern bietet man den Leuten eine Art Glaubensersatz an. Man redet ihnen ein, daß Lenin das große Leitbild sei und daß er alles gewußt habe. Aber in den kapitalistischen Ländern gibt es nicht einmal so ein Leitbild, und deshalb glaube ich, daß die Menschen enttäuschter und unglücklicher sind als je zuvor. Der moderne Mensch glaubt auch nicht mehr an seine Willensfreiheit. Die gesamte Kultur ist darauf ausgerichtet, sie zu leugnen. Alles wird als Ergebnis entweder der Evolution oder einer Revolution verstanden. Ich selbst würde zwar auch nicht behaupten, daß der Mensch tun kann, was immer er will, aber zumindest hat er stets eine Wahl. Wenn er sich nicht für das eine entscheiden will, kann er sich für das andere entscheiden. Er ist sein eigener Herr. Aber die moderne Wissenschaft – Psychologie, Biologie, Philosophie –, das ganze moderne Denken lehrt, daß der Mensch das Produkt verschiedener Faktoren ist. Wenn Sie mich zum Beispiel interviewen, dann fragen Sie oft: »Warum haben Sie dieses oder jenes getan?« Und der Grund für diese Fragen ist, daß wir uns so sehr daran gewöhnt haben, alles, was wir tun, als das *Ergebnis* von etwas anderem zu sehen. Wenn ich Ihnen also antworten würde: »Ich habe das getan, weil ich es *wollte*«, dann würden Sie das für unwissenschaftlich halten: »Was heißt, Sie *wollten* es tun? Sie *konnten* doch gar nicht anders. Es kommt nur darauf an herauszubekommen, *warum* Sie nicht anders konnten.« So denken heute viele Menschen.

BURGIN: Drogenkonsum ist demnach ein Ausdruck dieses Verlusts der Willensfreiheit?

SINGER: Das ist, als ob diese Menschen sagten: »Ich habe ja sowieso keine Entscheidungsfreiheit. Warum soll ich dann nicht etwas nehmen, was mich hier herausholt und mir ein paar schöne Träume oder Phantasien verschafft?« Denn der Drogenrausch ist ja eine Art Wachtraum.

BURGIN: Ein Rückzug aus der Welt und die Erschaffung eines neuen Universums.

SINGER: Aber nur für kurze Zeit.

BURGIN: Wir sprachen schon einmal über Ihre schweren ersten Jahre in Amerika, als Ihnen alles noch so fremd war, und einen kürzlich erschienenen Memoirenband haben Sie dementsprechend auch ›Verloren in Amerika‹ genannt. Fühlen Sie sich noch immer als Fremder in diesem Land, und wenn ja, in welcher Beziehung?

SINGER: Ich fühle mich nicht nur in Amerika verloren, ich fühle mich in dieser Welt verloren. Mir geht es nicht anders als den Menschen, über die ich geschrieben habe. Ich nehme nur deshalb keine Drogen, weil die Arbeit meine Droge ist. Indem ich schreibe, versuche ich mich zu vergessen, aber mich quälen dieselben Zweifel und schrecklichen Gefühle wie all die anderen Menschen, die Drogen nehmen. Ich bin in einer Familie aufgewachsen, die vom Glauben erfüllt war, aber im Laufe der Jahre hat mein Glaube nachgelassen. Dennoch glaube ich auch heute noch an Gott. Ich glaube auch jetzt nicht, daß die Welt ein Zufall der Physik oder Chemie ist oder daß das Universum durch die Explosion einer kosmischen Bombe zustande gekommen ist. Ich glaube noch immer, daß es einen Schöpfungsplan gab und daß mehr dahinter ist als irgendein dummer Zufall, der sich vor zwanzig Milliarden Jahren ereignete (und von dem die »Wissenschaftler« reden, als sei das erst gestern gewesen, so überzeugt sind sie, daß sich das wirklich ereignet hat). In gewisser Weise klammere ich mich an diesen Glauben an eine höhere Macht, an Gott. Ich kann an Gottes Weisheit glauben, aber Seine Barmherzigkeit vermag ich nicht zu erkennen. In unserer Zeit sind Seine Barmherzigkeit und Vorsehung noch weniger erkennbar als je zuvor.

BURGIN: Lassen Sie mich noch auf ein anderes Problem unserer Zeit zu sprechen kommen. Sie haben sich in dem, was Sie gesagt und geschrieben haben, gegen viele Arten der Gewalt gewandt, aber meines Wissens haben Sie sich nie zur Frage der atomaren Rüstung und der Möglichkeit globaler Vernichtung geäußert. Es würde mich interessieren, wie Sie über diese Dinge denken und ob Sie glauben, daß man darüber in Romanform schreiben kann.

SINGER: Nein, ich glaube, daß die Möglichkeiten der Sprache zu begrenzt sind, um darüber schreiben zu können.

BURGIN: Wie steht es mit dem nuklearen Holocaust, der potentiell größten Grausamkeit?

SINGER: Potentielles taugt nicht für Romane. Über Potentielles schreibe ich nicht.

BURGIN: Warum nicht?

SINGER: Ich bin kein Soziologe. Literatur befaßt sich mit der Vergangenheit, nicht mit der Zukunft.

BURGIN: Aber es ist doch eine Tatsache, daß wir in einer Welt leben, in der ohne weiteres alles Leben ausgelöscht werden könnte.

SINGER: Das stimmt zwar, aber man kann keine Geschichte über eine Atombombe schreiben, die in der Zukunft fallen könnte. Als Privatperson kann ich natürlich sagen, daß die Atombombe Millionen von Menschen töten könnte, aber das kann auch jeder andere sagen, sogar ein sechsjähriges Kind. In diesem Punkt ist mein Wort weder wirkungsvoller noch klarer als das eines Kindes.

BURGIN: Erlauben Sie mir ein paar Fragen über Ihren Alltag. Wie verbringen Sie Ihre Tage in Miami? Nach einem festen Plan, oder improvisieren Sie? Oder ist es eine Mischung aus beidem?

SINGER: Ganz improvisiert sind sie nicht. Morgens gehe ich hinunter in den Drugstore und frühstücke, wie ich es in all den Jahren getan habe, seit ich hier bin. Und dann mache ich einen Spaziergang. Ich laufe jeden Tag mindestens fünf Meilen.

BURGIN: Am Strand entlang? Oder haben Sie ein bestimmtes Ziel?

SINGER: Nein, ich gehe im Einkaufszentrum spazieren, bei schlechtem Wetter sogar zu Hause im Hausflur. Ich mache dann das Fenster auf, damit frische Luft hereinkommt. Ich finde es wichtig, daß ich jeden Tag Bewegung habe, sonst roste ich ein.

BURGIN: Denken Sie beim Spazierengehen nach, oder gehen Sie spazieren, um den Gedanken zu entkommen?

SINGER: Manchmal kommen mir dabei Ideen, manchmal denke ich auch nur belangloses oder phantastisches Zeug – was mir so in den Sinn kommt.

BURGIN: Einmal abgesehen von Ihrer Frau – wer sind die Menschen, die Ihnen am nächsten stehen?

SINGER: Wo immer ich bin, in New York oder Miami oder der Schweiz – meine besten Freunde sind die Menschen, mit denen ich zusammenarbeite: meine Verleger, Redakteure, Übersetzer, meine Sekretärin – alle, die das, was ich schreibe, weitervermitteln, veröffentlichen, bekannt machen. Ich bekomme auch von vielen Menschen Besuch, viele rufen mich an und laden mich zu einem Vortrag oder zu einem Empfang ein.

Und natürlich steht mir meine Familie nah – vielleicht nicht ganz so nah, wie es sein sollte. Meine Übersetzer spielen natürlich eine wichtige Rolle in meinem Leben, ebenso wie meine Redakteure. Aber ich bin eigentlich kein sehr familiärer Mensch. Ich denke nicht immerzu an die Familie …

Als ich heiratete, war ich schon fünfunddreißig. Lange Zeit wollte ich überhaupt nicht heiraten. Ich war da etwas beeinflußt von dem deutsch-jüdischen Schriftsteller Otto Weininger, der die Ansicht vertrat, Frauen und die Ehe lenkten einen Mann von der geistigen Tätigkeit ab. Aber solche Entschlüsse, wie man sie als junger Mensch faßt, werden dann doch vom Leben umgestoßen. Irgendwann wurde mir klar, daß ich ein Zuhause brauchte, um meine literarische Arbeit fortsetzen zu können. Zu dieser Zeit lernte ich meine jetzige Frau Alma kennen, und ich wußte, daß das Schicksal mir diese Frau geschickt hatte. Wir sind jetzt seit über vierzig Jahren verheiratet, und ich habe es nie bereut. Mir fällt da der Ausspruch eines

Schriftstellers ein, der gefragt wurde, ob er jemals an Scheidung gedacht habe, und der darauf sagte: »An Mord sehr oft, aber niemals an Scheidung.« Es gibt in der Ehe einige Konflikte zwischen Mann und Frau, die sich nie ganz lösen lassen, aber wenn die zwei sich lieben, sind die schlechten Dinge schnell vergessen, und nur die guten bleiben in der Erinnerung.

BURGIN: Wer zählt sonst noch zu Ihren Freunden?

SINGER: Ich habe noch ein paar Freunde von früher. Ich bin also nicht ganz einsam, aber ich bin auch nicht besonders gesellig.

BURGIN: So also hat Ihr Leben in Florida während der letzten Jahre meistens ausgesehen?

SINGER: Im Sommer gehe ich in die Schweiz.

BURGIN: Jeden Sommer?

SINGER: Ja, jeden Sommer. Einmal, es war im Herbst, hielt ich vor einer riesigen Menschenmenge in Zürich einen Vortrag. Viele kamen gar nicht in das Schauspielhaus hinein. Ich sprach Englisch, Deutsch und Jiddisch. Die Deutschschweizer verstehen Jiddisch besser als viele andere.

BURGIN: Darf ich fragen, ob Sie sich auch für die anderen Künste interessieren oder interessiert haben, für Malerei oder Musik?

SINGER: Ich habe keine musikalische Erziehung bekommen, ich verstehe nichts von Musik. Natürlich gefällt mir klassische Musik besser als Jazz, aber mehr kann ich dazu nicht sagen.

BURGIN: Musik hat also in Ihrem Leben nie eine wichtige Rolle gespielt?

SINGER: Ich singe zwar manchmal Lieder, die wir früher in Polen, in Warschau sangen, aber sonst gehört Musik nicht zu meiner Welt. Mit Malerei kann ich etwas mehr anfangen, aber diese abstrakten, symbolhaften Bilder, wo sie ein paar Kleckse machen und dann sagen: »Das bedeutet dies, das bedeutet jenes« – die mag ich überhaupt nicht. Es ist mir völlig wurst, was sie bedeuten sollen.

Mich interessieren sie ganz einfach nicht. Und das Theater mag ich zwar, aber ich gehe selten hin. Es macht soviel Umstände, ins Theater zu gehen, und ich komme auch ohne es aus. Ich würde sagen, für mich ist die Literatur *die* Kunst.

BURGIN: Haben Sie nicht früher auch einmal Gedichte geschrieben?

SINGER: Eigentlich nicht. Nur ab und zu mal etwas, wenn ich es für einen Roman brauchte.

BURGIN: Ich meine, als Sie zu schreiben anfingen.

SINGER: Ich habe es auf hebräisch versucht, aber mir war sofort klar, daß ich ein Prosaschriftsteller war und kein Lyriker.

BURGIN: Hat der Umstand, daß Sie einen älteren Bruder hatten, der schon ein erfolgreicher Autor war, Sie in irgendeiner Weise in Ihrer schriftstellerischen Entwicklung behindert?

SINGER: Nein, ganz im Gegenteil.

BURGIN: Einige Kritiker und Biographen haben das behauptet.

SINGER: Sie schreiben das zwar, aber in Wirklichkeit war er mein literarischer Erzieher. Ich habe viel von ihm gelernt. Sein Tod hat mich tief getroffen, und ich bin nie darüber hinweggekommen. Manchmal haben wir uns auch gestritten, wie das unter Brüdern mal vorkommt. Ab und zu gab es eben Streit, aber es ist ganz und gar falsch anzunehmen, ich hätte geglaubt, er stehe mir im Weg, und ich hätte mich nicht entfalten können. Das Gegenteil ist wahr. Er hat mir bei meiner Entfaltung geholfen.

BURGIN: Wie hat sich Ihre Entwicklung zum selbständigen Schriftsteller vollzogen?

SINGER: Sie hat sich vollzogen, als ich entdeckte, daß ich über meine Umwelt schreiben sollte, also die Juden, die jiddisch sprechenden Juden. Ich versuche nie, einfach über »Menschen« oder »die Menschen« zu schreiben. Ich habe gelernt, daß die Meister der Literatur immer nur über ganz bestimmte Menschen schrieben, zum Beispiel Flaubert, der über die Franzosen schrieb, oder Gogol, der über die Menschen der Ukraine schrieb, und so weiter. Für mich stand fest, daß ich die jiddisch sprechenden Menschen, egal ob sie in Amerika oder in Polen leben, am besten kenne. Ihre Sprache und ihr Denken sind mir vertraut, und deshalb halte ich mich an sie. Alles, was ich auszudrücken vermag, drücke ich durch meine Geschichten aus. Manchmal hat eine Geschichte überhaupt keine Botschaft, aber das stört mich nicht im geringsten. Wozu soll ich auch dauernd Botschaften verbreiten? Ich sagte Ihnen, glaube ich, schon, daß die Zehn Gebote eine so gute Botschaft sind, daß wir gar keine weiteren brauchen. Wir müssen nur noch lernen, uns auch daran zu halten.

14
Die Hedonistin und der Rabbi – Selbstmord ist oft heroisch – Der Wolf und die Schafe – Ein paar Zeilen

BURGIN: In ›Das Erbe‹ beschreiben Sie zwei Sterbeszenen: den Tod Klaras, bei dem sie erlebt, wie sie ihren Körper verläßt, und den Tod des Rabbi Jochanan. Hinsichtlich der Weise, wie sie gelebt haben, könnten diese beiden Menschen gar nicht verschiedener sein. Das ist sicherlich kein Zufall. Haben Sie diese beiden Szenen also absichtlich nebeneinander oder gegeneinander gestellt, so daß die gegensätzlichen Todeserfahrungen deutlich werden?

SINGER: So wie das Leben dieser beiden Menschen verschieden war, so ist auch ihr Tod verschieden. Sie konnten einander gar nicht gleichen, weil Klara eine Hedonistin war. Sie wollte alle Freuden des Lebens genießen, und das ist ihr nicht gelungen. Aber wenn ich ihren Tod beschreibe, dann tue ich es so, daß man trotzdem merkt, sie ist nicht auf ewig verloren, sie ist nicht ausgelöscht. Ich gebe dem Leser das Gefühl, daß selbst Klara im Sterben eine gewisse Würde bewahrt, obwohl sie eine Sünderin war, die gelogen und andere Menschen verraten hat und überaus selbstsüchtig war. Sie ist nicht für immer davongegangen. Es muß einen Ort geben, wohin Klaras Seele gegangen ist, um sich zu reinigen oder was immer mit Seelen geschehen mag. Rabbi Jochanan dagegen war ein Heiliger, und er stirbt wie ein Heiliger. Ich lasse ihn ein Licht sehen, das kein menschliches Auge, kein im Leben stehender Mensch jemals gesehen hat. Ob ich da eine Parallele herstellen wollte, weiß ich nicht, denn den Tod Jochanans habe ich viele Monate früher beschrieben als den Tod Klaras, und es entspricht eigentlich nicht meiner Art, bewußt Parallelen herzustellen. In beiden Fällen spreche ich auf die eine oder andere Weise von der Unsterblichkeit, aber die Unsterblichkeit eines Heiligen und die Unsterblichkeit einer egoistischen, leichtsinnigen Person sind nicht ein und dasselbe. Es kommen ihnen ganz unterschiedliche Eigenschaften zu.

BURGIN: Das verstehe ich nicht ganz. Was meinen Sie mit »ganz unterschiedlichen Eigenschaften«?

SINGER: Ich meine, daß das Sterben von beiden ganz unterschiedlich erlebt wird. Klara hat nicht dieses Glücksgefühl, diese Einheit mit Gott.

BURGIN: Wollen Sie damit andeuten, daß es für beide ein ewiges Leben geben wird?

SINGER: Wenn der Leser annimmt, daß das, was ich erzähle, auch wahr ist, daß sie wirklich ihren Körper verließ und der Rabbi ein solches Licht sah, dann bedeutet das natürlich, daß beide in eine andere Welt hinübergehen. Wenn der Leser aber nicht daran glaubt, kann er sagen, das sei rein subjektiv, die beiden hätten Halluzinationen gehabt, sich das nur eingebildet.

BURGIN: Und wie haben Sie es gemeint?

SINGER: Nun, ich glaube, wenn ich über solche Dinge schreibe, lasse ich sie immer in der Schwebe, denn wie soll ich dem Leser sagen, wie es wirklich ist, wenn ich das selbst nicht weiß?

BURGIN: Könnten Sie Ihren Glauben näher beschreiben?

SINGER: Ich glaube an eine Art von Leben nach dem Tode, aber da es dafür keine Beweise gibt, möchte ich mich nicht hinstellen und den Leuten sagen: So ist es. Ich richte es also so ein, daß der Gläubige sagen kann, es gibt eine Unsterblichkeit, während der Ungläubige sagen wird, der Autor glaubt nur, daß es eine Unsterblichkeit gibt. So habe ich es in fast allen meinen Geschichten über das Übernatürliche gehalten. Man kann sie auf eine subjektive und eine objektive Weise verstehen.

BURGIN: Aber Sie beenden den Klara-Teil mit dem Satz: »Sie war ein Bruchstück der Ewigkeit.«

SINGER: Selbstverständlich, daran besteht kein Zweifel. Wir sind alle Bruchstücke der Ewigkeit.

Burgin: In welchem Sinne?

Singer: Wir sind Teil des Universums, und das Universum ist ganz gewiß ewig. Auch wenn man nicht an Wunder glaubt, sind wir doch ein Bruchstück der Ewigkeit.

Burgin: In ›Die Familie Moschkat‹ lauten die letzten Sätze: »Der Tod ist der Messias. *Das* ist die Wahrheit.« Sehen Sie das jetzt, nach fünfundzwanzig Jahren, immer noch so?

Singer: Ich sehe es noch immer so, daß der Tod auf diesem Planeten die einzige uns gewisse Erlösung ist. Jede andere Erlösung erweist sich als Enttäuschung. Das sind Versprechungen, die nie gehalten werden. Aber das Versprechen, das der Tod den Menschen gibt, wird immer gehalten.

Burgin: Es fällt mir nicht leicht, Sie das zu fragen, aber denken Sie heute öfter an den Tod als in jüngeren Jahren?

Singer: Nein. Ich dachte schon über den Tod nach, als ich siebzehn, achtzehn war, wahrscheinlich sogar schon mit zwölf oder dreizehn. Das Problem des Todes war mir immer gegenwärtig, denn ich habe es miterlebt, wie Menschen aus unserer Straße starben. Der Leichenwagen war immer zu sehen. Menschen, die vorgestern noch ins Gebetshaus gekommen waren, um zu beten, wurden schon zwei Tage später auf den Friedhof gebracht. Ich habe das alles mit angesehen und war verwirrt, ängstlich, erstaunt.

Burgin: Sie denken also auch jetzt noch daran?

Singer: Ja, ich denke auch jetzt noch daran.

Burgin: Versuchen Sie, diese Gedanken zu verdrängen?

Singer: Nein, ich verdränge sie nicht.

Burgin: Welche Gedanken kommen Ihnen da?

Singer: Es läßt sich ja nicht beweisen, daß wir unsterblich sind, daß unsere Seele weiterlebt, und deshalb ist das alles eine Glaubensfrage. Ich weiß über diese Dinge heute nicht mehr als mit zwölf Jahren. Ich sage mir nur: »Was hätte dieses Leben mit seinen Mühen und Hoffnungen für einen Sinn gehabt, wenn alles, was ein Mensch erlebt und angesammelt hat, durch die Einwirkung irgendwelcher Mikroben vollkommen ausgelöscht werden könnte?«

Alle Menschen denken einmal an den Tod. Es ist nur so, daß manche nicht die Zeit haben und es sich nicht leisten können, viel darüber nachzudenken. Diese Menschen hängen so sehr am Leben, daß sie erst am allerletzten Tag daran denken. Man hat mir mal von einem Mann erzählt, der sich sehr für die Börse interessierte. Am letzten Tag seines Lebens stiegen die Kurse, und das machte ihn ganz glücklich. Er starb sogar mit einem Lächeln auf den Lippen. Wenn jemand so leidenschaftlich an irdischen Dingen hängt, hat er einfach nicht die Zeit, über den Tod nachzudenken, aber vielleicht verdrängt er damit auch nur seine Todesgedanken: Wozu über den Tod nachdenken, wenn man an Aktien denken kann? Vielleicht ist das sogar weise. In seiner ›Ethik‹ schreibt Spinoza, ein Weiser grüble nie über den Tod, sondern denke nur über das Leben nach. Wenn man es so betrachtet, war der Mann, der bis zuletzt an den Aktienmarkt dachte, ein Weiser. Aber anderen Menschen gelingt es nicht, diese Gedanken wegzuschieben. Ich glaube, daß sogar die Tiere ahnen, daß sie sterben müssen.

BURGIN: Aber doch wohl erst unmittelbar vor dem Ende.

SINGER: Ich habe beobachtet, wie Tiere alt und müde und hinfällig wurden und sich mit ihren Krankheiten abfanden. Wenn ein Hund alt wird, sieht er einen an, als wollte er sagen: Ich bin nicht mehr jung, ich habe nicht mehr die Kraft wie früher. Er denkt das zwar nicht in Worten, aber seine Augen drücken es aus. Man kann das auch in den Augen von Pferden und manchen anderen Tieren lesen.

BURGIN: Wie möchten Sie in Zukunft leben? Was wollen Sie in den Ihnen verbleibenden Jahren noch erreichen?

SINGER: Ich werde weiter versuchen, das zu tun, was ich schon seit vielen Jahren tue, nämlich zu schreiben. So bin ich es nun einmal gewöhnt, denn das ist ja mein Beruf. Ich bin sicher, daß ich noch einige Geschichten zu erzählen habe. Ich würde aber auch gern einmal ein Buch schreiben, in dem ich meine Gedanken oder Ansichten über das Leben zusammenfasse, also ein nichtliterarisches Buch. Ob mir das gelingen wird, weiß ich allerdings nicht, denn diese Art von Buch habe ich eigentlich noch nie geschrieben. Trotzdem spiele ich mit dem Gedanken an ein solches Buch, das weder rein philosophisch noch psychologisch wäre, sondern eher ...

BURGIN: ... eine Autobiographie des Geistes. Mir scheint aber, daß Ihnen das bereits mit der Summe Ihrer Werke gelungen ist und insbesondere natürlich mit Ihren Memoiren.

SINGER: Ich sagte Ihnen einmal, daß ich die Möglichkeit der freien Wahl für das größte Geschenk an die Menschheit halte, aber ich glaube, daß die Menschen von diesem Geschenk nie wirklich Gebrauch gemacht haben. Manchmal würde ich gern versuchen, meine Entscheidungsfreiheit voll auszunutzen und dann, falls es mir gelingt, den Menschen erzählen, was ich da getan habe und welche Kämpfe es mich gekostet hat.

BURGIN: Da wir gerade von Tod und Entscheidungsfreiheit sprechen, würde es mich interessieren, wie Sie über den Selbstmord denken. Halten Sie Selbstmord a priori für etwas Schlechtes, oder gibt es Umstände, unter denen er zu rechtfertigen ist?

SINGER: Nein, ich glaube, daß der Selbstmord oft etwas Heroisches ist.

BURGIN: Das überrascht mich.

SINGER: Natürlich nicht bei einem Mann, der erst andere Menschen umbringt und dann Selbstmord begeht. Aber ein Mensch, der davon überzeugt ist, daß das Leben für ihn nicht mehr lebenswert ist, und der das Geschenk Gottes zurückgeben möchte – ich glaube, daß ein solcher

Mensch viel Mut hat, und dieser Mut kommt in seinem Aufbegehren gegen die Übel des Lebens zum Ausdruck. Die meisten Selbstmörder sind nach meiner Überzeugung Menschen mit Charakter und Willensstärke, und ich bewundere sie. Wenn allerdings jemand aus dem vierzigsten Stockwerk springt, weil die Aktienkurse fallen, wie das 1929 passiert ist, dann bewundere ich ihn natürlich nicht, denn so ein Selbstmord ist kein Aufbegehren ...

Burgin: Er beruht nicht auf einer Entscheidung des Verstandes.

Singer: Er beruht nicht auf einer Entscheidung des Herzens. Es ist einfach so, daß der Mann, der gestern noch zwei Millionen Dollar wert war, heute nur noch zweitausend Dollar wert ist. Er leidet zwar, aber er nötigt einem keinen großen Respekt ab. Ich meine aber, daß Selbstmord die äußerste Form sein kann, in der ein Mensch dem Allmächtigen mitteilt: »Ich bin nicht damit einverstanden, wie Du diese Welt lenkst. Nimm deshalb Dein großes Geschenk zurück. Ich will es nicht mehr haben.«

Burgin: Würden Sie zustimmen, daß der Selbstmord in gewissem Sinne zu den größten Möglichkeiten des Geistes gehört, sich gegenüber dem Willen durchzusetzen, da es uns doch angeboren ist, trotz allem weiterleben zu wollen?

Singer: Wer sich das Leben nimmt, sagt damit gleichsam: »Ich habe mir diese Angelegenheit genau betrachtet und bin zu dem Schluß gekommen, daß sie sinnlos ist. Mein Vater und meine Mutter haben miteinander geschlafen, und weil sie diesen Augenblick des Glücks wollten, muß ich mein Leben lang leiden. Das will ich nicht.«

Gewiß halten viele Gläubige den Selbstmord für eine schwere Sünde, und irgendwo steht auch – ich weiß nicht mehr, ob es im Talmud ist oder nicht –, daß jemand, der Selbstmord begeht, die nächste Welt nicht erlangt. Aber ich habe im Talmud auch Geschichten von Menschen gelesen, die Selbstmord begingen und die der Talmud als Heilige bezeichnet – Hannah zum Beispiel, die ihre sieben

Kinder verlor und sich daraufhin vom Dach ihres Hauses stürzte. Die Meinungen der Gelehrten über den Selbstmord scheinen auseinanderzugehen.

BURGIN: Verstößt Selbstmord nicht gegen die Gebote fast aller Religionen dieser Erde?

SINGER: Kann sein, aber in dieser Frage kümmere ich mich nicht um die Meinungen anderer. Natürlich waren die Verfasser theologischer Bücher in diesem Punkt anderer Ansicht. Alle Religionen sind, soweit ich das sehe, das Werk von Menschen. Ich muß mich aber nicht unbedingt an diese Menschen halten, denn ich war nie besonders autoritätsgläubig. Ich würde nie sagen: »Der und der hat das gesagt, da kann ich nicht anderer Meinung sein.« Natürlich würde ich es nicht wagen, etwas anderes zu behaupten, wenn es um Chemie oder Physik oder Medizin geht, also um Dinge, von denen ich nichts verstehe. Aber wenn es um Dinge geht, die niemand so ganz versteht, da darf ich meine Meinung äußern.

BURGIN: Teilen Sie die Auffassung Dostojewskijs, daß ein großer Teil der Weisheit aus Leiden entsteht, oder gibt es Leiden, das völlig sinnlos ist?

SINGER: Ich würde sagen, daß ein Weiser durch Leiden an Weisheit gewinnt. Wer keinerlei Weisheit besitzt, kann hundert Jahre lang leiden und immer noch als Narr sterben. Es gibt da aber keine festen Regeln.

BURGIN: Das, was Sie gerade gesagt haben, und die Tatsache, daß wir in einer Welt leben, in der alles nur überleben kann, indem etwas anderes stirbt, bringt mich auf die Frage, ob Sie nicht manchmal das Gefühl haben, daß etwas Teuflisches in dieser Weltordnung steckt.

SINGER: Das Gefühl habe ich nicht. Ich besitze einfach nicht genügend Informationen. Ich kenne Gott und Seine Gedanken nicht, aber ich bin sicher, daß Seine Gedanken, wenn Er denkt, unendlich viel größer sind als meine. Ich kann also nicht über Ihn urteilen. Ich kann lediglich sagen, daß ich zwar Seine Weisheit zu erkennen vermag, aber nicht Seine Barmherzigkeit.

Burgin: Wie vereinbaren Sie das miteinander? Kann es denn Weisheit ohne Barmherzigkeit geben?

Singer: Einige Philosophen waren der Ansicht, daß Gott nicht barmherzig ist, Spinoza zum Beispiel. Er sagt, Er handle nach Seinen eigenen Gesetzen. Schestow war es, glaube ich, der einmal sagte, es gebe zwar einen Gott, aber Er sei nicht gut. Es mag sein, daß Gott barmherzig ist, aber da ich dafür keine Anhaltspunkte habe, würde ich Ihn niemals barmherzig nennen. Ich würde Ihn eher einen Gott der Weisheit, der Macht nennen. Ich glaube, daß Malthus Gedanken formuliert hat, die ganz Wesentliches über unsere Realität aussagen. Nichts, was nach Malthus geschrieben wurde, kann das außer Kraft setzen, was er gesagt hat. Ich brauche jetzt Malthus nicht zu zitieren, denn ich sehe dasselbe wie er, daß nämlich Hungersnöte und Seuchen, Tod und Kampf die Welt im Gleichgewicht halten. Wenn alle Elefanten, die geboren werden, überlebten, und alle Löwen und alle Läuse, dann würde es auf der Welt wimmeln von Elefanten, Löwen und Läusen. Tod und Leiden sind Teil der Schöpfung, aber da ich das Leiden verabscheue und es nicht mit ansehen kann, wie Menschen und Tiere gegen etwas Unausweichliches ankämpfen – deshalb kann ich Gott nicht barmherzig nennen, und ich fühle, wie alles in mir gegen die Schöpfung aufbegehrt. Vielleicht gibt es eine Antwort, aber auf dieser Erde wird sie niemals zu finden sein, und da ich noch auf dieser Erde bin, spüre ich in mir dieses Aufbegehren. Ich sagte es Ihnen, glaube ich, schon einmal: Wenn ich je den Versuch unternehmen würde, eine Religion zu stiften – meinetwegen für mich allein –, dann würde ich sie als Religion des Protests bezeichnen.

Ich sehe aber auch, daß der Mensch unbarmherzig ist, obwohl er selber leidet und stirbt und sich vor Krebs und Herzinfarkt und vielen anderen Dingen fürchtet. Sobald er nur ein bißchen Macht hat, bedeutet ihm das Unglück anderer Menschen nichts mehr. Da ich also Gottes Barmherzigkeit nicht erkennen kann, wohl aber die Grausamkeit des Menschen, deshalb bin ich alles andere als ein Optimist.

Ich habe einmal ganz für mich allein eine Art Zusammenfassung geschrieben, wie ich die Welt sehe. Sie ist jiddisch geschrieben, und ich kann Ihnen nur einen ganz kurzen Abriß davon geben. Sie fängt mit einer Feststellung an, die ungefähr besagt: Der Wolf stirbt ebenso wie das Schaf im Elend, aber niemand scheint sich darum zu kümmern, was aus ihnen wird. Gott der Herr selbst hat die Welt so geschaffen, daß darin Gewalt und Mord vorherrschen. In so einer Welt kann ich nicht wirklich leben. Ich kann mich nur hindurchmogeln, mich durch diesen Dschungel schleichen und mich mit meinem Stückchen Brot versteckt halten, bis die wilden Tiere und die Mörder mich erwischen.

BURGIN: Kann es denn einen Gott geben, der nicht barmherzig ist und dem die Menschen gleichgültig sind?

SINGER: Ich glaube nicht, daß diese Macht blind ist. Auch wer nicht an Gott glaubt, glaubt doch an die Existenz der Natur. Für ihn gibt es immer noch Wölfe und Schafe, Elektronen und elektomagnetische Wellen und Atome und all das andere. Ob ich dazu Gott sage oder Natur, bleibt sich ganz gleich, denn ich glaube, daß die Natur sehen kann, und eine Natur, die sehen und denken kann, ist Gott.

BURGIN: Aber wenn die Natur die Dinge ohne Barmherzigkeit sieht und ohne Mitleid mit den Menschen – muß man sich dann nicht als Mensch dagegen auflehnen? Aus welchem Grund sollte man diesem Gott beipflichten?

SINGER: Ich pflichte Ihm ja nicht bei – im Gegenteil. Ich sagte schon, daß ich gegen Ihn aufbegehre. Mein Verhältnis zu Gott ist ein Verhältnis des Aufbegehrens. Ich kann nicht gegen Ihn revoltieren, denn für eine Revolte braucht man eine gewisse Macht. Um aufzubegehren, braucht man aber keine Macht. Spinoza sagt, wir müßten mit der Natur Frieden schließen und Gott oder die Substanz mit dem Verstand lieben, aber ich sehe das nicht so. Ich sage, Er ist groß, Er ist voller Weisheit.

BURGIN: Was ist das für eine Weisheit, wenn Er all dieses Leiden verursacht?

SINGER: Um eine Blume schaffen zu können, braucht man Weisheit. Auch wenn diese Blume zwei Stunden später von einer Kuh aufgefressen wird, müssen wir doch die Weisheit, die sie geschaffen hat, bewundern.

BURGIN: In Mozart und Beethoven liegt doch auch Weisheit, die vielleicht noch schöner ist als eine Blume.

SINGER: O nein, keineswegs! Alle Professoren dieser Welt zusammengenommen und alle Chemiker und Physiker könnten keine Blume schaffen.

BURGIN: Aber die Musik Gottes ist nicht so schön wie die des Menschen. Die Musik Bachs, Mozarts und Beethovens ist weit schöner als die des Windes und der See.

SINGER: Zunächst einmal hat Gott Bach und Beethoven geschaffen. Sie sind also Teil der Schöpfung Gottes, und deshalb ist für den Pantheisten alles Gott. Für mich sind Gott und Natur ein und dasselbe, wobei ich aber glaube, daß die Natur ein Bewußtsein hat und weiß, was sie tut. Wenn wir mehr über sie wüßten, könnten wir vielleicht sagen, daß sie das Richtige tut, aber da wir das nicht wissen, sondern leiden, begehren wir auf. Dieses Aufbegehren, das sich bei mir ausdrückt, besagt nicht, daß Gott wirklich schlecht sei. Ich sage damit nur, daß Er schlecht ist, soweit ich das erkennen kann. Denn um zu wissen, wie Gott wirklich ist, müßte ich sämtliche Sterne und Planeten und das ganze Universum kennen. Man kann ja auch keine Besprechung über ein Buch mit einer Milliarde Seiten schreiben, wenn man davon erst eine Seite gelesen hat. Ich kann nur soviel sagen: Ich bewundere diese eine Seite, aber von meinem Standpunkt aus betrachtet gefällt sie mir nicht. Daß ich Vegetarier bin, hängt mit diesem Aufbegehren zusammen. Wer Fleisch ißt oder auf die Jagd geht, erklärt sich mit der Grausamkeit der Natur einverstanden, und mit jedem Stück Fleisch oder Fisch, das er ißt, erklärt er: »Wer die Macht hat, der hat das Recht.« Mein Vegetarismus ist Ausdruck meiner Religion, meines Protests.

BURGIN: Für Sie ist das Universum also ein unendliches Buch?

SINGER: Ja, ein unendliches Buch, von dem ich erst ein paar Zeilen gelesen habe, und diese Zeilen finde ich zwar schön, aber grausam. Am besten bleiben wir stumm, aber es gibt Zeiten, da müssen wir einfach aufschreien: Warum werden die Hilflosen gequält? Warum baut unser Ruhm auf unserem Elend auf? Manchmal glaube ich, daß der Allmächtige der vielen Lobpreisungen überdrüssig sein muß, mit denen wir Ihn überschütten.

BURGIN: Man hat Ihnen gelegentlich vorgeworfen, ein Misanthrop zu sein. Wie sieht Ihre Misanthropie aus?

SINGER: Sie besteht darin, daß ich von niemandem, nicht einmal von Freunden, etwas verlange, weder Geld noch Ehrungen, noch Anerkennung. In unserer Zeit, wo jedermann bettelt – und zwar nicht nur die Armen, sondern auch die Mächtigen: wählt mich, kauft meine Waren, unterstützt meine Organisation, liebt mich, lobt mich, verzeiht mir meine Verbrechen –, ist es ein hohes Ideal, sich von dieser Bettelei fernzuhalten. Der Bettler trägt ja oft einen Dolch in seinem Beutel. Ich strecke meine Hand nicht nach irgendwelchen Vergünstigungen aus. Ich bitte nicht um Liebe, wenn sie mir nicht freiwillig gegeben wird.

Namenregister

Charles Bukowski

»Es läßt sich heute schon prophezeien, daß die College-Professoren, die jetzt noch seine Sachen ›vom Blatt‹ pusten, ›als wäre Zigarettenasche darauf gefallen‹, einst große akademische Untersuchungen über den Bau von Bukowskis Versen anstellen werden.« (Karl Corino)

dtv 1653

dtv 10234

dtv 10332

dtv 10581

Gedichte die einer schrieb bevor er im 8. Stock aus dem Fenster sprang
dtv 1653

Faktotum
dtv 10104

Pittsburgh Phil & Co.
dtv 10156

Ein Profi
dtv 10188

Eintritt frei
dtv 10234

Der größte Verlierer der Welt
dtv 10267

Diesseits und jenseits vom Mittelstreifen
dtv 10332

Der Mann mit der Ledertasche
dtv 10410

Der Schlimmste kommt noch oder Fast eine Jugend
dtv 10538

Gedichte vom südlichen Ende der Couch
dtv 10581

Flinke Killer
dtv 10759

Nicht mit sechzig, Honey
dtv 10910